Technique française Pâtés et Terrines

フレンチテクニック
パテとテリーヌ目次

第1章　パテとテリーヌの基本　3

進化するパテとテリーヌの魅力　3
パテとテリーヌってどう違う？　4
パテとテリーヌの構成要素　5
新しいプレッセという手法　5
パテとテリーヌの基本工程　6

= 基本のパテとテリーヌ

パテ・アン・クルート
牛・豚・鳩・仔羊のパテ アン クルート（プティポワン）　8

肉のテリーヌ
最低2週間熟成させたシェフ自慢の田舎風テリーヌ　自家製ピクルスとポルト酒風味のジュレ（レザンファン ギャテ）　12

肉のパテ
パテ・ド・カンパーニュ（オギノ）　16

フォワグラのテリーヌ
フォワグラのテリーヌ（ボンシュマン）　20

野菜のテリーヌ
農園野菜のテリーヌ（オー グー ドゥ ジュール）　24

野菜のテリーヌ
野菜のテリーヌ（ドゥロアンヌ）　28

魚介のテリーヌ
海の幸のモザイクテリーヌ、葉緑素マヨネーズ（プティポワン）　32

基本のテリーヌのつけ合せ　36

第2章　パテとテリーヌのバラエティ　37

= 肉、鳥のパテとテリーヌ

豚
豚レバーのテリーヌ（オー グー ドゥ ジュール）　38

豚
豚の頭肉のゼリー寄せ（ドゥロアンヌ）　39

豚
ソーセージのブリオッシュ包み（プティポワン）　42

牛
仔牛とフォワグラのパテ・アン・クルート（オギノ）　43

牛
牛タンのルキュルス（オギノ）　46

羊
羊のロニョンのパテ、パイ包み焼き（ドゥロアンヌ）　47

兎
うさぎのテリーヌ（オー グー ドゥ ジュール）　50

兎
フロマージュ・ドゥ・テット風に仕上げた仔ウサギと豚足のコンポート パセリ風味（レザンファン ギャテ）　51

兎
ウサギのテリーヌ、セージ風味（ドゥロアンヌ）　54

ジビエ
エゾ鹿のテリーヌ（ドゥロアンヌ）　55

ジビエ
テリーヌ・ジビエ・オールスターズ（オギノ）　58

ジビエ
仔鳩のパテ（ドゥロアンヌ）　59

ジビエ
野鳥のパテ（オギノ）　62

鶏
ポロ葱、トリュフ、地鶏ささ身のミ・キュイ
フォワグラのテリーヌ 黒トリュフのヴィネグレットソース（レザンファン ギャテ）　63

鶏
地鶏とリ・ド・ヴォーのテリーヌ モリーユ風味（オギノ）　66

ほろほろ鳥
ほろほろ鳥のドディーヌ グリーンペッパー風味（オギノ）　67

鴨
ミュラール種鴨コンフィとジャガイモのサルラデーズのほの温かなテリーヌ クレソンとインゲン、リンゴ、トリュフのサラダ添え（レザンファン ギャテ）　70

鴨
青首鴨のパテ・ショー ソース・ルアネーズ（オギノ）　71

鴨
パイをかぶせた鴨のコンフィ入りロスティ（プティポワン）　74

フォワグラ
フォワグラとマンゴのテリーヌ（オー グー ドゥ ジュール） 75

フォワグラ
フォアグラとプラムのテリーヌ バニュルス風味（オギノ） 78

フォワグラ
炭火焼したフォアグラのテリーヌ（プティポワン） 79

= 野菜のパテとテリーヌ

プレッセ
福岡県筑紫郡から届いた無農薬野菜をプレスしたテリーヌ
サフランのムースリーヌソース（レザンファン ギャテ） 82

プレッセ
ポワローのテリーヌ（ドゥロアンヌ） 83

ゼリー寄せ
トマトのジュレで寄せた野菜のテリーヌ（ドゥロアンヌ） 86

ゼリー寄せ
キューリのテリーヌ（オー グー ドゥ ジュール） 87

ゼリー寄せ・プレッセ
オマール海老と旬野菜のプレッセ、テリーヌ仕立て
（プティポワン） 90

すり身寄せ
ナスとホタテ貝のパテ（オー グー ドゥ ジュール） 91

すり身寄せ
ほんのり温めた茸のテリーヌとフリキャッセ・ドゥ・セップと
そのブルーテ（レザンファン ギャテ） 94

すり身寄せ
野菜のテリーヌ《オリンポスの丘》（プティポワン） 95

そのほか
ラタトゥイユのテリーヌ（オー グー ドゥ ジュール） 98

= 魚介のパテとテリーヌ

ゼリー寄せ
海の幸のゼリー寄せ、ペルノー風味（ドゥロアンヌ） 99

ゼリー寄せ
タスマニア産サーモンのマリネのミキュイと2種のアスパラガスの
テリーヌ 桜のチップで燻製したクレーム・フェッテとオレンジの
香りを添えて（レザンファン ギャテ） 102

ゼリー寄せ
サーモンと竹の子のテリーヌ（オー グー ドゥ ジュール） 103

ゼリー寄せ
オマール海老と茄子のテリーヌ フルーツトマト、タプナードと
ほのかなカレーの香りを添えて（レザンファン ギャテ） 106

すり身寄せ
帆立貝とモリーユ茸のテリーヌ（プティポワン） 107

そのほか
アジのテリーヌ（オー グー ドゥ ジュール） 110

すり身寄せ
たらば蟹の軽いパート焼き（プティポワン） 111

すり身寄せ
ズワイ蟹をまぜ込んだ帆立貝のムース仕立ての温かなテリーヌ
スープ・ド・ポワソンとルイユ、クルトンを添えて
（レザンファン ギャテ） 114

各店のフォンとコンソメ 116
パテとテリーヌに使う生地 119
シェフと店紹介 122

撮影／大山裕平
デザイン／矢内　里、藤田裕美
仏語校正（料理名）／藤井達巳
編集／佐藤順子、高松幸治、二瓶信一郎

本書をつかう前に

* 塩などの分量欄に「★g/kg」とあるのは、1kgの肉に対して塩★gを
  使用するという意味です。
* とくに明記のないオリーブ油は、エクストラヴァージンオリーブ油を
  使用しました。
* 材料表中、単位記号が入っていない場合は、配合割合を示します。
  指定の割で合わせたものを使ってください。
* 各店のフォンのレシピは巻末にまとめてあります。たとえば、
  材料表中で「フォン・ド・ヴォライユ（→ **P.189**）**全量**」とある場合は、
  P.189に解説したフォンを全量使用するという意味です。
* 材料表に記載したテリーヌ型の大きさは（長辺×短辺×高さmm）で
  あらわしていますので目安にしてください。
* 使用時の素材の状態や調理器具の違いによって、味が変わってきます。
  本書指定の味つけ、所要時間、温度は必要に応じて調整してください。
* 本書の内容、店名、営業概要などは2010年8月現在のものです。

第1章

パテとテリーヌの基本

進化するパテとテリーヌの魅力

　前仕込みがきいて、比較的日持ちがする便利なパテとテリーヌ。フレンチレストランには欠かせない大切なアイテムの一つである。
　が、それ以上につくり手にとって、また食べる側にとっても大きな魅力となるのは、型に詰めることによって生まれる味と香りの一体感であり、熟成された味であり、さまざまな素材によって描き出されるデザインである。
　昨今、素材の持ち味を生かすということがフランス料理でも大きなテーマとなっているが、パテとテリーヌにおいても同様な流れがある。
　プレッセ（プレス）といわれる手法がそれである。ファルスも使わず、加熱もせずに、大量の野菜をプレスするのみ。野菜そのものの味が前面に打ち出される。
　また肉を使ったパテやテリーヌも、それぞれの持ち味を重視し、肉本来のおいしさを味わってもらうという方向に向かっている。
　本書では、伝統的な技法から最新の傾向までパテとテリーヌの魅力を引き出すための技術を、6名のシェフによってご指導いただいた。

パテとテリーヌってどう違う？

　生地（パート）を使って焼くのが「パテ」、生地を使わずに焼くのが「テリーヌ」。これは1981年に刊行された『パテとテリーヌ』（柴田書店刊）に外観上の違いとして記述されている。
　パテとテリーヌはさまざまな観点から分類することができる。これらの分類方法の違いによって、さまざまな解釈が生まれ、その名称の定義はきわめてあいまいなものになっている。参考までに先に挙げた『パテとテリーヌ』の文中にある定義を抜粋し、紹介しておこう。

①パテはファルスを豚脂（ファルスが家禽の場合はその皮を用いることもある）でくるみ、パートでおおい、オーヴンで焼き上げるもの。
②テリーヌはパテのパートを除き、テリーヌ鉢に詰めてオーヴンで焼き上げるもの。
③パテは温製でも冷製でも供され、数日間日持ちがする。
④テリーヌは冷製で供され、製法によっては数か月保存が可能である。
⑤テリーヌが保存食として家庭で作られ食されていたのに対し、パテは手のこんだレストラン料理として発展し、多く温製で供された。
⑥パテもテリーヌも1人前の料理として作られるものではなく、例外的にプティ・パテというオードヴル用に作られる。

　しかし現在では必ずしもこの定義に当てはまらないパテやテリーヌが生まれている。
　食べ手の好みの変化、機器の進化などにより、つくり方や提供方法もずいぶん変わってきたようだ。ざっと相違点を挙げてみよう。

①に関しては、生地を使わずになめらかなピュレ状の肉などを加熱し、スプーンなどでくり抜いて提供するものもある。また生地を使ったパテでも豚脂で包まない場合もある。
②では焼き上げるとあるが、ゼリー寄せやプレスしただけの、焼かないテリーヌも出てきた。
④によるとテリーヌは冷製とあるが、温めて提供するものもある。
⑤に関しては、テリーヌもパテも、今日ではレストラン料理として存在し、素材やデザインなど、非常に洗練されてきた。

　つまり、その形と手法は、つくり手のフレキシブルな考え方によって、非常に多様化していると言えよう。そこで、本書では従来のパテとテリーヌの枠を大きく広げ、以下のように考え収録した。

［テリーヌ］
○テリーヌ型を使ったもの。
［パテ］
○生地の有無を問わない。
○使用する型の形はさまざまで、型を使わないパイ包み焼きのようなものも加えた。

＊ただし、リエットは本書では収録していないので同シリーズの『コンフィとリエット』を参照していただきたい。

パテとテリーヌの構成要素

= ファルス

パテとテリーヌの主材料である。テリーヌの形を保つために肉、鳥、魚介、野菜などに油脂やレデュクションなどつなぎを加えてミンサーやフードプロセッサーなどにかけてつくる。粗さ、粘度の度合いなどで、持ち味に変化がつく。ちなみに第2章では、それぞれの料理写真に添えた加熱前のファルスの状態を参考に。ファルスのみで構成されるものも多い。

= ガルニチュール

ファルスの中に入っている具材のこと。必ず入っているわけではないが、パテやテリーヌの食感や味に変化をつける役割がある。また、テリーヌをデザインする上でも大切な要素である。

トリュフなど香りを生かしたい素材を加えることで、テリーヌ全体がその香りに包まれるという効果もある。

加熱せずにつくるテリーヌは、おもにゼラチンでガルニチュールをつなぐ。

= マリナード

ファルスやガルニチュールの材料には、マリナードあるいはマリネ調合塩などをまぶす。テリーヌは香りが全体にまわるため、内臓類などくせのある素材の臭みをおさえることがマリナードの大事な役目。また風味をつけたり、保存性を高めるという役割も果たす。なおこのときの塩加減が、テリーヌの味を決めるので、計量には注意したい。

マリナードの代表的な材料としては、塩、スパイス・ハーブ、酒、油、酢などが挙げられる。塩の分量は、どのようにテリーヌを使うか、つまり店で比較的短時間で使い切るか、長期熟成させたり長期保存するのかにもよるが、肉ならば10g／kg～20g／kgくらいが目安である。酒はワイン、ポルト酒、マデラ酒、コニャックなどが代表的。

マリネの時間は、冷蔵庫で一晩というのがもっとも多数派。素材によって、また肉などは切り方によって時間の調整が必要になる。

パテ・ド・カンパーニュに用いるマリナードの1例。写真左は香辛料（ローリエ、タイム、ネズの実）。右はスパイス、調味料、酒など（左上からカトルエピス、白コショウ、グラニュー糖、塩、コニャック、ポルト酒）。

= 型に敷き込む素材

テリーヌやパテの形を整えるために、外側を包むものもさまざまである。基本は薄く切った豚背脂であるが、網脂を使ったり、ドディーヌといわれる料理のように、ファルスに使った鳥類などの皮を使う場合もある。パテ・アン・クルートならば生地を敷く。

また近年ではベーコンを使ったり、薄く切った野菜やキャベツなどの大きな葉を敷き込んで包む場合もある。また型の内側に脂を塗ってファルスを直に詰めることもある。

加熱しないゼリー寄せやプレスしたものにはラップフィルムを使ったり、焼き色をつけたくないものにはアルミホイルなども使われている。

左はゆでたキャベツ、右はブリゼ生地を用いている。上までおおうので、大きく切っておく。

新しいプレッセという手法

近年ベルナール・ロワゾーが始めたといわれているのが、驚くほど大量の野菜をびっしりと詰めて押し固める「プレッセ（プレス）」の技法である。

これは野菜のもつ粘性やデンプン質を利用して、ファルスやゼリー液なしに、ぎゅっと押しつけるだけで固めるというもので、加熱は野菜の下調理のみ。テリーヌ自体は加熱せずに仕上げるという、昨今のヘルシー志向にマッチした、色どりも鮮やかな、サラダのようなテリーヌである。

一番のポイントは、そのデザインであろうが、詰め方にも工夫をしたい。たとえばさっと下ゆでして粘性を出したり、塩をあてて水分を出すことで、野菜同士の結着が強まる。また中央部分にデンプン質が多い野菜（イモ類、豆類など）を配すると、くずれにくくなる。

季節感を充分表現でき、目をひく色合いを表現できるこのテリーヌは、料理のスタートとしての前菜にふさわしい華やかな一皿である。

左はプレッセでつくった野菜のテリーヌ。右はレザンファンギャテが独自につくったプレッセの器械。ねじで鉄板に圧力をかける。

パテとテリーヌの基本工程

必要な大きさ、形に切り分けてからマリネする。

くせのある内臓類はにおいが全体にまわらないようにマリネが欠かせない。

1　マリネする
- ファルス用の材料をマリネする。
- ガルニチュール用の材料をマリネする。

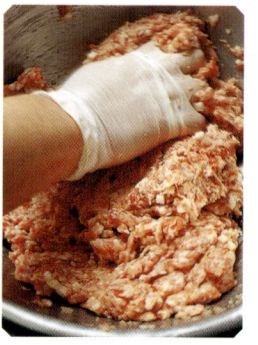
衛生的に手袋をして手を冷やしながら練り混ぜる。

2　ファルスをつくる
- 味、食感など、ガルニチュールとの相性を考える。
- ミンサーあるいはフードプロセッサーにかける。粗挽き、細挽きは用途に応じて。
- 野菜を混ぜ込むときは、しっかり火を入れると日持ちがよくなる。
- ゼリー液には、おもにゼラチンを使用。

　　ガルニチュールを準備する
- 味、食感などファルスとの相性を考える。
- ボイルや下味つけなど必要な下調理を行なう。
- ガルニチュールをファルスに混ぜ込んで詰める場合もある。

型に敷く素材は上まで包めるように大きく切りそろえる。

3　型に敷き込む
- 豚脂、網脂、生地、薄切り肉、皮、野菜の葉や薄切りなどを敷き込む。型から取り出しやすいよう、また切り分けやすいようラップフィルムやアルミホイルなどを貼りつけてから、これらを敷き込むこともある。
- ファルスを包むためのものなので、薄い状態のものを、型よりも大きめに切って敷き込む。
- 何も敷かずに、脂などを塗るのみの場合もある。

すき間をあけずに、同じ形状のガルニチュールを端から端まで詰める。

4　ファルスとガルニチュールを詰める
- 空気が入らないように詰める。
- あらかじめデザインを決めて、美しくかつどこを切っても同じ図柄になるように詰める。

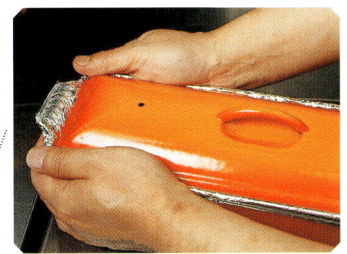

水分が中に入ると日持ちがしなくなる。

生地で包む場合は、アルミホイルでつくった煙突を立てて焼く。

5　包む・蓋をする
- 敷き込んだ網脂などで上面をおおい、水分が入らないようにアルミホイルやラップフィルムできっちり包み、蓋をする。蓋をせずに焼く場合もある。
- 生地を使うパテ・アン・クルートなどは、煙突を立てて蒸気抜きの穴を数ヵ所あける。

6　焼く
- オーブンあるいはスチームコンベクションオーブンで焼く。
- 均等かつ確実に火を入れる。肉のテリーヌは芯温計を使って中心温度を指定まで上げること。
- パテ・アン・クルートやパイ包みなどは、途中で温度調節が必要な場合もある。また立てた煙突からコンソメなどを流し入れる作業が入る。

芯温計を中心に挿して所定の温度まで確実に上げる。

7　熟成
- 肉のテリーヌなどは、脂などを注いで表面をおおい、空気が入らないようにして、冷蔵庫で熟成させる。熟成が必要ないテリーヌもある。

すき間のないように、脂でおおう。

8　提供
- 型から取り出して、切り分ける。
- 必要ならばサラマンダーや電子レンジなどで再加熱して提供する。

[パテ・アン・クルート]

牛・豚・鳩・仔羊のパテ アン クルート
Pâté en croûte de quatre viandes

パート（生地）で包んだファルスを焼き上げる「パテ」の基本といえる料理。具から水分がにじみ出ないよう、表面を焼き固めておくのがポイント。オーブンで焼くと生地が膨らむいっぽうでファルスが縮んで空洞ができるので、そこにジュレを流し込む。ただし縮んだファルスはそれだけぱさつくので、ゆっくり火を入れてできるだけ縮ませないほうがよい。

技術指導／北岡尚信（プティポワン）

= パテ
（250×80×60mm
パテ・アン・クルート型1本分）

ファルス *1
 牛モモ肉　250g
 仔牛肉　300g
 豚バラ肉　250g
 豚肩ロース肉　250g
 豚ネック肉　250g
 鶏白レバー　200g
 エシャロット（薄切り）　100g
 ニンニク（みじん切り）　4g
 カトルエピス　少量
 塩　28g
 コショウ　2g
 砂糖　2g
 ナツメグ　0.5g
 硝石　4g
 卵　3個
 グラス・ド・ヴィヤンド（→P.76⑦）　50cc
 生クリーム　100cc
 ピーナッツ油　適量

ガルニチュール
 鳩ムネ肉　1羽分
 仔羊背肉　250g
 フォワグラのテリーヌ（→P.81）　120g
 シャンピニオン　6個
 ピスタチオ（むき）　30g
 ギンナン（むき）　80g
 干イチジクのコンポート　15個
 トリュフ　適量
 ニンニク（みじん切り）　適量
 バター　適量

マリナード
（ファルスとガルニチュール共用）
 香味野菜（玉ネギ、ニンジン、エシャロット、ニンニク、パセリの茎、タイム、ローリエなど）　適量
 ポルト酒　100cc
 コニャック　100cc
 マデラ酒　100cc

ブリゼ生地（→P.120）　適量
網脂　適量
卵黄　適量
すましバター　適量
ポルトジュレ　以下を適量
 コンソメ　1リットル
 白ポルト酒　120cc
 板ゼラチン　40g
 塩　14g

= つけ合せ

季節の野菜など（解説省略）　各適量

*1 ファルス用の牛モモ肉、仔牛肉、豚バラ肉、豚肩ロース肉、豚ネック肉とガルニチュール用の鳩ムネ肉、仔羊背肉はマリナードにつけて一晩冷蔵庫でマリネする。鶏白レバーは牛乳につけて血抜きする。水気をふいて、タイムのパウダーをふる。

ポルトジュレ

1　まずコンソメをつくる。牛スネ肉5kgを粗く挽き、粗みじん切りの玉ネギ4個、ニンジン3本、セロリ2本、卵白1リットルを加えてよく練る。
2　フォン・ブランに1とニンニク3株（半割）、パセリ2枝、トマト3個、エストラゴンの酢漬け4～5枝、黒粒コショウ10g、シェリー酒1/2本を加えて強火にかける。
3　沸騰したら火を弱め、4時間煮る。静かに漉してコンソメとする。
4　コンソメと白ポルト酒を熱し、塩を加え、水で戻した板ゼラチンを溶かす。

ファルスをつくる→

1

鶏白レバーはピーナッツ油をひいたフライパンで強火にかけ、表面を焼き固めて取り出す。

2

同じフライパンでエシャロット、ニンニクの順に炒める。ここにレバーを戻し、さらに炒める。

3

ファルス用の肉をミンチにかける。ミンサーの穴の直径は粗挽きと細挽きの2種類を用意する。

4

2のレバーを細挽きのミンチにする。

5

ミンサーを粗挽きに取りかえて、牛肉、豚肉をミンチにする。

6

フードプロセッサーに入れ、カトルエピス、塩、コショウ、砂糖、ナツメグ、硝石、卵、生クリーム、グラス・ド・ヴィヤンドを加える。

7

低速のフードプロセッサーにかける。あまり速くまわすと、脂が溶けてファルス全体になじんでハムのように均一に仕上がってしまうので注意。

8

冷やしたボウルに移し、手で練り上げる。

ガルニチュールをつくる→

9

鳩ムネ肉と仔羊肉をバターでリソレし、みじん切りのニンニクで香りをつける。内部がレア状態になるよう表面を焼き固め、冷ましておく。

10

シャンピニオンを半割にし、断面を焼いて香りをつける。

11

ギンナン、干イチジク、ピスタチオ、トリュフ。ギンナンはゆでておく。

型に詰めて焼く→

12

ブリゼ生地を型の長さに合わせて切る。その際に必ず2〜3cm長めに切って糊しろをとっておく。

13

型の内側にすましバターをハケでぬる。

14

型の底、側面にブリゼ生地を敷き込む。側面は上部を3〜4cm大きくとる。糊しろ部分はすき間なく貼りつけ、型の模様の溝になじむよう、よく押しつける。

15

ファルスからにじみ出てくる水分から生地を守るために、全面に卵黄をぬる。長めに切った網脂を敷く。

16

型の内側の全面に薄くファルスをぬり、シャンピニオンとフォワグラのテリーヌ、リソレした仔羊肉を詰める。

17

干イチジク、ピスタチオ、乱切りのトリュフを散らす。上にファルスをぬり、ギンナンを並べる。

18

リソレした鳩ムネ肉と干イチジクを並べる。

19

すき間にファルスをぬる。均等に絞りたいときには絞り袋を、細かい場所を埋めたいときはパレットナイフを使う。

20

網脂で全体をおおい、溶いた卵黄をぬる。

21

上部にはみ出していたブリゼ生地を起こして、ファルスを包む。

22

型の内のりに合わせて長方形に切ったブリゼ生地の片面に卵黄をぬる。

23

卵黄をぬった側を内側にして蓋をして、ファルスを完全に包み込む。

24

溶いた卵黄を表側にもぬって、ブリゼ生地でつくったヒモを貼りつけて、枠をつくる。

提供→

25

枠の中に木の葉の形に抜いたブリゼ生地を飾り、卵黄をぬる。竹串などで葉脈のスジをつける。

26

焼成中に蒸気が抜けるよう、筒状のアルミホイルの煙突を差し込む。200℃のオーブンで30分間、100℃に温度を下げて中心温度を75℃に保ちながら1時間30分焼く。粗熱がとれたら煙突を抜き、そこにポルトジュレを注ぎ入れ、冷蔵庫で冷やし固める。

27

パテ・アン・クルートを切り分けて器の中央に盛る。時計の12時の位置から時計周りに季節の野菜を飾る。ここではチェリートマト、ソラマメ、菜ノ花、焼きめをつけた小玉ネギのグラッセ、スナップエンドウ、ヤングコーン、メキャベツ、ニンジン、アスパラガス、ネギ、シャンピニョン、カブを使用。それぞれの野菜の下にはマッシュポテトを絞っておく。

基本・パテ・アン・クルート | 11

[肉のテリーヌ]

最低2週間熟成させたシェフ自慢の田舎風テリーヌ
自家製ピクルスとポルト酒風味のジュレ
Terrine de campagne, spécialité chez nous

テリーヌの一番人気はカンパーニュ。「レザンファンギャテ」のカンパーニュは、ざっくりとした素朴な田舎風というよりも、少し繊細な仕上がり。使用する肉はベースの豚肉に牛モモ肉、鶏レバーやフォワグラを加え、ミンチのかけかたにも工夫をして、ほどよくなめらかでしっとりと重厚感のあるカンパーニュを目指している。じっくり長期熟成をさせるために、専用の冷蔵庫を用意し、よりよい状態で品質を保持するために開閉を極力減らしている。

技術指導／原口 広（レザンファン ギャテ）

豚ノド肉はカンパーニュに適した脂分と歯応えがある。

マリネする→

1

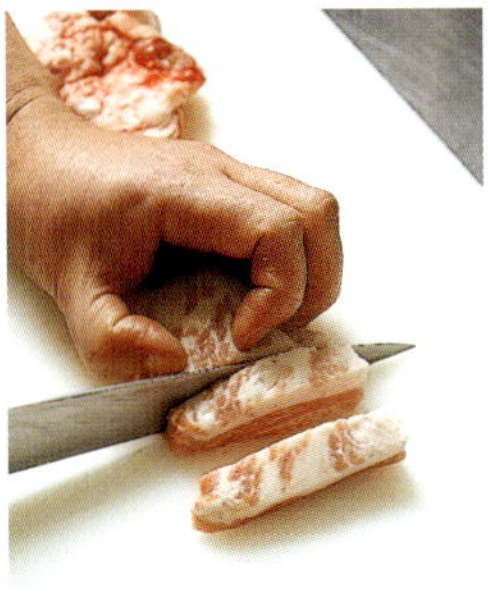

豚ノド肉はほどよい厚さに切り開いて、太い棒状に切る。仔牛モモ肉も同様。

2

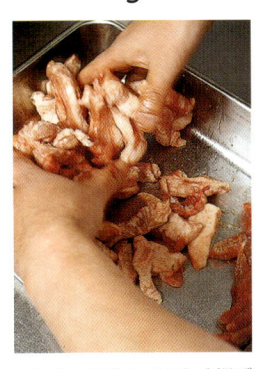

バットに広げ、合わせた**A**をたっぷりふって、よく混ぜる。

3

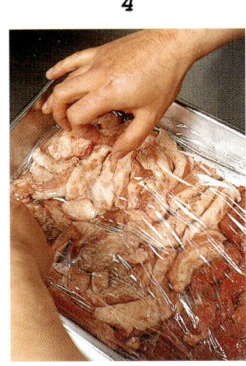

Bをふってまんべんなく混ぜる。

4

空気にふれないようにラップフィルムをかけて冷蔵庫で一晩おく。

5

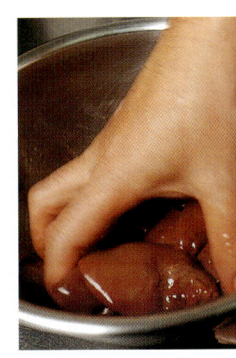

鶏レバーを掃除する。2つに切り分けてスジと薄膜を取り除く。

6

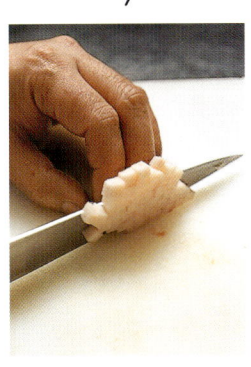

鶏レバーに**A**と**B**をふってよく混ぜる。ラップフィルムをかけて冷蔵庫で一晩おく。

7

豚背脂は小角切りにして、同様にマリネする。

= テリーヌ（295×80×60mm1本分）

豚ノド肉* 640g
仔牛モモ肉 220g
鶏レバー 480g
豚背脂 54g
鴨のフォワグラ 40g

A
　塩　18.6g
　白コショウ　2.7g
　カトルエピス　1.6g
　グラニュー糖　1.4g

B
　白ポルト酒　30cc
　コニャック　30cc

C
　卵　1個
　ニンニク（みじん切り）　12g
　エシャロット（みじん切り）　50g

D
　パセリ（みじん切り）　15g
　ピスタチオ　15g

ジュ・ド・プーレ（→P.118）　15cc
網脂　適量
タイム　6本
ローリエ　3枚
ネズの実　10粒

= つけ合せ

ピクルス（→P.36）
ポルト酒風味のジュレ（→P.36）

＊ 豚ノド肉の脂がかなり多いときは、ノド肉の量を減らし、赤身のモモ肉を増やすとバランスがとれる。

ファルスをつくる→

8

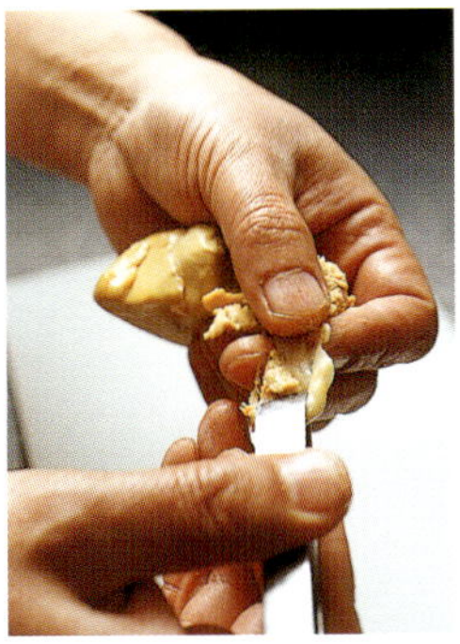

鴨のフォワグラは、骨抜きなどを利用して薄膜を取り除く。

9

7mm角くらいに切って、**A**を少量ふり、**B**をたらしてよく混ぜ、ラップフィルムをかけて冷蔵庫に1時間おく。

10

豚ノド肉、仔牛モモ肉を粗挽きのミンチにする。

基本・肉　13

11
もう一度粗挽きのミンサーにかける。

12
2度挽きした肉。1度ではスジっぽさが残ってなめらかさに欠けるので2度挽きするが、細かくしすぎないことがポイント。

13
鶏レバーをフードプロセッサーにかけてなめらかにつながるような状態に。気持ち質感を残したい。

14
ジュ・ド・プーレを少し煮詰めて、氷水をまわりにあてて冷やしておく。

15
大きなボウルに氷水を入れる。動かないようにタオルをのせて、その上に肉を入れたボウルをおく。

16
Cとジュ・ド・プーレを入れて、まんべんなく混ざるように合わせる。薄手のゴム手袋をして、氷水で手を冷やしながら作業を行なう。

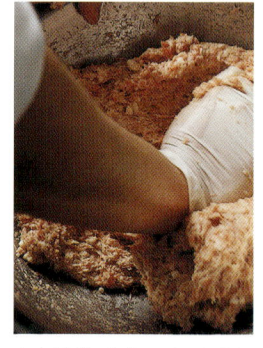
17
よく混ざったら、てのひらに体重をかけて押すようにして練り込む。随時氷水で手を冷やす。

18
*13*の鶏レバーを3回くらいに分けて混ぜ、肉によくなじませる。1度に入れるとつながりづらくなる。

19
最初は軽いが、空気が抜けて粘りが出てくるため、つながるにしたがって次第に重たくなってくる。

20
よくつながった状態。

21
D、*9*のフォワグラを入れて、つぶさないようにさっくりとやさしく混ぜる。

22
ファルスのでき上がり。

型に詰める→

23

網脂を広げて、テリーヌ型の角まできっちり敷き詰める。端からはみ出すように残し、余分な網脂はハサミで切り落としておく。

24

ハンバーグのように丸めて両手で叩きつけて空気を抜いて型に詰める。

25

均等に火が入るように、中央部分を低くする。

26
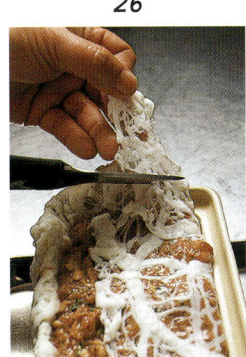
網脂で包む。網脂が重なる層の厚さが均等になるように、余分な脂を切り取る。

焼く→

27

ローリエ、タイム、ネズの実をのせて香りをつける。アルミホイルをのせて、蓋をする。

28

コンベクションオーブンを200℃（コンビ）に熱して10分間熱する。一旦取り出して室温に戻し、均等に火が通るようにする。

29

再び80℃のオーブンに入れて約1時間火を入れる。芯温計を入れて、中心が54℃になったことを確認したら取り出す。

30

取り出したテリーヌ。

31
1.4kgくらいの重しをして冷ます。

保存する→

32

ラードを一旦溶かしたら（透明になる）、氷水にあてて白濁するまで冷ます。

33

表面をラードでおおい、酸化を防ぐ。冷めたらラップフィルムで型全体を包み、冷蔵庫で2週間から1ヵ月熟成させる。

提供→

34
テリーヌを切り分けて、ピクルスとクレソン、ジュレを添え、ミニョネット（分量外）を散らす。別にマスタード（分量外）を添える

[肉のパテ]

パテ・ド・カンパーニュ
Pâté de campagne classique

オギノのカンパーニュは、しっとりとしたやわらかな食感が特徴。好きなだけ食べていただくというスタイルをとっているので、取り分けやすいよう大型のグラタン皿を使っている。またグラタン皿はテリーヌ型に比べて火が均等に入りやすいという利点もある。保存食品であるという性質上、注意しているのは、作業中の室温の管理。衛生上15℃を超えないよう設定し、加える野菜類にもしっかりと火を加えて保存時の変質を防いでいる。

技術指導／荻野伸也（オギノ）

＝パテ（1.5リットル容量、長径32cm楕円グラタン皿1台分）

豚ノド肉　2kg
豚背脂　200g
豚レバー　660g
A
　塩　20g/kg（57.2g）
　白コショウ　5g/kg（14.3g）
　ナツメグ　6g
　カトルエピス　3g
レデュクション *1
　玉ネギ（薄切り）　140g
　エシャロット（薄切り）　20g
　ニンニク（薄切り）　10g
　パセリ　50g
　バター　120g
　白ワイン　170cc
　強力粉　15g
　牛乳　500cc
卵　6個
パン粉　150
ラード、網脂 *2、ローリエ　各適量

肉を切り分ける→

1

豚ノド肉を3〜5cm角に切り分ける。

2

豚背脂も同様に3〜5cm角に切り分ける。

3
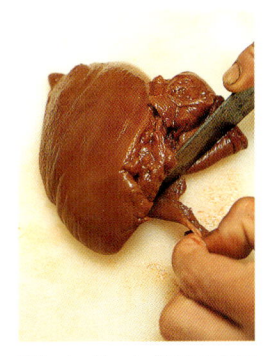
豚レバーは、ナイフを入れて切り開き、しごくようにして白い血管をはずす。

4

ほかの肉同様3〜5cm角に切り分ける。

5

3種類の肉を混ぜ合わせる。

マリネする→

6

Aの塩と香辛料をよく混ぜる。次第に肉汁が出てきて、少しべたついてくる。

7

この状態になったら、バットに移して冷蔵庫で一晩おく。

レデュクションをつくる→

8

玉ネギ、エシャロット、ニンニクを薄切りにする。

=つけ合せ

トマト
グリーンサラダ（解説省略）
フレンチマスタード

*1 煮詰めたもののこと。
*2 網脂は一晩酢水につけて殺菌漂白し、洗ったものを使用。

9

パセリは茎をはずしておく。切りそろえた野菜。

10

フライパンにバターを入れて火にかけて溶かす。

11

まずニンニク、エシャロットを入れる。

12
香りが出たら、玉ネギとパセリを入れる。透き通ってきたら白ワインを入れて強火で加熱する。

13
写真程度まで煮詰める。

14
強力粉を入れてまんべんなく混ぜる。小麦粉を入れることで、添加物なしで結着力が出る。

15
よく混ざったら牛乳を入れる。

ミンサーにかける→

16
強火でしっかり煮詰める。野菜に充分火を入れることで、風味が凝縮し、保存性が高まる。

17
火加減を調節しながら、写真のように濃度がつくまで木ベラで混ぜる。

18
バットに広げ、粗熱がとれたら空気に触れないようラップをかけて冷蔵庫に一晩おく。

19
マリネした肉とレデュクションを混ぜる。

20
ミンサーに1回かける（直径3mmほどの穴）。

21
作業中肉の温度が14℃以上に上がらないよう注意。

22
最後に水でぬらしたラップフィルムをミンサーにかけると、残らず肉を挽くことができる。

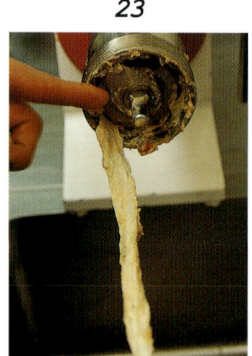
23
フィルムはミンチにならず、そのまま出てくる。水でぬらすことがポイント。

練る→

24 卵、牛乳（分量外）でふやかしたパン粉を加えてよく混ぜる。

25 混ざったら、粘りが出るまで手だけではなく体全体を使ってしっかり練る。

26 粘りが出てくると、簡単に下に落ちない。

型に詰める→

27 グラタン皿にラードをぬって、叩きつけるようにして空気を抜きながら詰めていく。空気が入るとそこから変色してしまう。

28 こんもりと山のように詰めて、網脂をかける。一まわり大きめに残して脂を切り取る。

29 焼くと肉が縮むので、側面を保護するために網脂を型の内側に入れ込んでおく。

30 網脂でおおった状態。

31 香りづけのローリエ*3を並べて、空気が入らないようにラップフィルムで全体を包む。

32 焼き色がつかないようアルミホイルで包む。

焼く→

33 コンベクションオーブンを103℃（50％ヴァプール）、中心温度67℃に設定して1時間強加熱する*4。

34 取り出してアルミホイルとラップをはずした状態。

提供→

35 切り分けてグリーンサラダ、トマト、フレンチマスタードを添える。

*3 オーブンに入れると一旦肉汁が上がるので、上に並べたローリエの香りが肉汁につく。
*4 普通のオーブンならば、120℃のオーブンで湯煎にして、2時間加熱する。

[フォワグラのテリーヌ]

フォワグラのテリーヌ

Terrine de foie gras aux figues

フォワグラの魅力が堪能できる一皿。フォワグラのマリネには、一般的にはフォワグラの重量の1.2〜1.3%の塩を用いるようだが、ボンシュマンでは素材の甘みを生かすために1.1%と少ない。その分ていねいな下処理を行ない、なめらかですっきりした味わいを表現している。

技術指導／花澤　龍（ボンシュマン）

= テリーヌ（250×80×60mm1本分）

鴨のフォワグラ　2羽分（約1.2kg）
マリナード
　塩　11g/kg（13.2g）
　白コショウ　約3g/kg（3.6g）
　砂糖　2.5g/kg（3g）
　白ポルト酒＊　適量

＊　サンデマンを使用。

= つけ合せ（1人前）

イチジクのコンソメ煮
　イチジク　1/2個
　コンソメ（牛ベース）　適量
イチジクのコンフィチュール　以下を適量
　イチジク　1kg
　砂糖　500g
　ミニョネット（白）　適量
　レモン汁　適量
パン（ドライフルーツ入り）

イチジクのコンソメ煮

皮をむいたイチジクをコンソメで2分間ほど煮て、そのまま冷ます。

イチジクのコンフィチュール

1　イチジクを半分に切って、砂糖とともに火にかける。
2　15分間ほど加熱する。ボウルに移して30分間ほど冷ましたのち、再度鍋に戻して15分間加熱する。
3　火を止めて、ミニョネットとレモン汁を入れて冷ます。

血管を取り除く→

1

フォワグラは、指で押して弾力を感じるものがよい。色は明るい黄色味がかったものを選ぶ。作業しやすいよう常温に戻しておく。

2

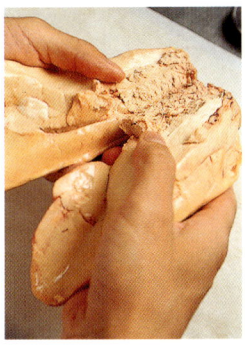

大小の房を手で分ける。房のつなぎ目に血管の根元が見える。

3

大きな血管をさぐり、血管が浮き上がるようにフォワグラを押す。フォワグラが指の熱で溶けないよう手早く作業する。

4	5	6	7
	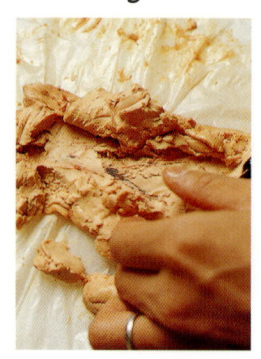		
各房には太く、途中で枝分かれする血管が上層と下層に走っている。まず上層の血管を浮き上がらせ、根元を指でつまんで引き上げて、ていねいに取り除く。	ペティナイフでフォワグラを開きながら下層の血管を露出させて血管を除く。ペティナイフは切れ味がよくないもののほうが血管を損なわずにすむ。	細かい作業はペティナイフで。除いた血管はとりおいて、加熱し裏漉しして料理のコクをつけるときに利用する。	血管などを除いたフォワグラを氷水につけて、軽く脂を除き、フォワグラを引き締める。氷水につける時間は水っぽくならないよう30分間が限度。

マリネする→

8	9	10	11
	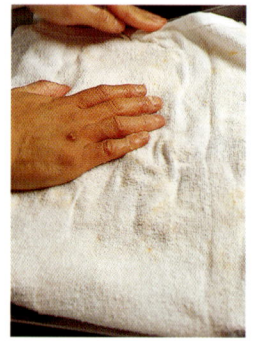		
氷水から取り出して、タオルを敷いたバットに重ならないように並べる。大きめの4枚の塊と作業中に出たピースができる。	上からタオルをあてて軽く手で押して水気をふく。水分が残ると食感が悪くなり、マリネが適切にできない。ただしつぶさないよう注意。	白コショウと砂糖と塩を合わせて、バットに広げたフォワグラの両面に、まんべんなくふる。白コショウはフォワグラ本来の色を損なわず、美しく仕上がる。	白ポルト酒をひたひたの2〜3歩手前くらいまでたっぷりふる。表面にたまっても、マリネ後はフォワグラがしっかり吸収してくれる。

型に詰める→

12	13	14	15

表面が乾かないようラップフィルムをかけて、冷蔵庫で一晩ねかせて、アルコールを充分なじませる。	一晩おくと、全体にふっくらとして、白っぽくなる。	底面に薄皮がついた大きめの塊を皮を下にして詰める。空気が入らないよう指でしっかり押すが、体温が伝わらないよう第2関節より先を使う。	大きい塊を1枚ずつ敷き、すき間を小さなピースで埋めるように詰めていく。

焼く→

16

一番上に大きめの部分を皮を上にしてのせる。テリーヌ型を作業台に軽く叩きつけて空気を抜き、パラフィン紙で表面をぴったりとおおって蓋をする。

17

バットにすべり止め用のペーパータオルを敷き、テリーヌ型をのせる。型の高さの半分まで熱湯を注いで80℃のオーブンに入れる。

18

加熱時間は平均40分間だが、個体差があるので、30分間ほどたった時点で取り出し、脂のにじみ具合などで最終的な加熱時間を判断する。

19

加熱終了。今回は50分間加熱した。脂はあまり出なかったが、脂の役割は、身をつなぐことなので、量が少なくても仕上がりに影響しない。

仕上げる→

20

指をさして中心温度を確かめる。人肌よりやや冷たい30〜35℃が理想。温かいと指の跡は残らない。

21

オーブンから出して粗熱をとる。夏場はとくに氷水などにつけて急冷する。温かいところにおくと余熱で火が入りすぎ、衛生的にもよくない。

22

粗熱がとれたら、テリーヌ型に合う板をのせ、上から、軽く沈む程度の重しをのせる。冷蔵庫に一晩おく。

23

翌日取り出し、重しをはずすと、板が少し沈み込んだ状態で冷え固まっている。板をはずす。

提供→

24

黄色く固まったフォワグラの脂をスプーンで取る。量が少ないときは、グレス・ドワ（ガチョウ脂）やバターなどを加えることも。

25

平らなヘラなどを利用して表面をきれいにならす。

26

24で取った脂を温めて溶かし、布などで漉したものを流して冷蔵庫にて保存。酸化防止にこの脂が役に立つ。

27
フォワグラのテリーヌを切り分け、皿に盛りつける。塩、コショウをふる。イチジクのコンソメ煮とコンフィチュールを添える。

[野菜のテリーヌ]

農園野菜のテリーヌ
Terrine de légumes en mosaïque

食べるためにナイフを入れるのがためらわれるほど繊細で美しい断面。野菜それぞれの旨み、風味が愉しめるテリーヌは、中村シェフのスペシャリテ。

技術指導／中村保晴
(オー グー ドゥ ジュール)

下ごしらえを済ませた野菜（材料表に記載）は、ペーパータオルで水分をふいておく。テリーヌの中で重ならないよう、均等な形に整える。中ほどのニンジン、根セロリ、キュウリはポロネギで巻いたもの。

下ごしらえしたパプリカは80℃に熱したオリーブ油で30分間煮て、コンフィにする。長さ3cmに切る。

スターアニスとともに煮たシイタケ。

= テリーヌ（250×100×80mm1本分）

* いずれも下処理後の分量。野菜は塩を適量入れた湯でゆでておく。

ガルニチュール
　キャベツの葉　6枚（ゆでる）
　シイタケ　7個（スターアニス少量とともに煮る）
　ナス　2本（縦1/4に切りオリーブ油で素揚げする）
　キュウリ　2本（せん切りにし適量のショウガのせん切りと合わせる）
　根セロリ　75g（せん切りにしマスタード、
　　　　　　　　レモン汁と和え、塩、コショウで味を調える）
　ニンジン　75g（せん切りにしバターで炒め、
　　　　　　　　クミンを混ぜ、塩、コショウで味を調える）
　ポロネギ　1本（ゆでて縦に切り、1枚ずつはがす）
　モロッコインゲン　150g（ゆでて両端を切り落とす）
　カリフラワー　1株（ゆでて1cmくらいに切る）
　サヤインゲン　100g（ゆでて両端を切り落とす）
　オクラ　30本（ゆでて両端を切り落とす）
　グリーンアスパラガス　3本（ゆでてハカマをむき、根元の皮をむく）
　赤・黄パプリカ　各1個（直火で焼いて皮をむき、半分に切って種を除く）

ゼリー液
　ホタテのだし*　400cc
　板ゼラチン　18g

* よく洗ったホタテのヒモ1kg、水3リットル、ポロネギ（青い部分）1本分、薄切りにしたショウガ50gを鍋に入れ、一旦沸騰させる。アクをすくいながら、弱火で30分間くらい煮て漉す。

= ソース

フレンチドレッシング　以下を適量
　塩　33g
　白コショウ　10g
　赤ワインヴィネガー　280cc
　ピーナッツ油　1リットル
　シブレット　適量

フレンチドレッシング

塩、白コショウ、赤ワインヴィネガーをよく混ぜながら、ピーナッツ油を少しずつ加えてよく混ぜ合わせてフレンチドレッシングとする。ここでは細かく小口切りしたシブレットを混ぜる。

ガルニチュールをつくる→

1

炒めたニンジンはラップフィルムの上に細長くおき、くるくると向こう側に巻く。

2

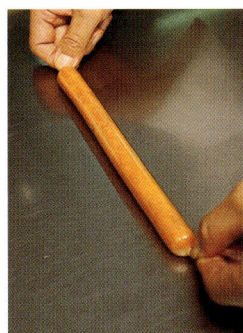

ラップフィルムの両端を持ち、ころころと手前に寄せながら巻き上げ、形を調える。

3

ラップフィルムの上にポロネギを広げる。上にラップをはずした**2**のニンジンをおき、手前から向こうへ巻く。

4

ラップの両端を持って手前に転がし、形を整える。キュウリ、根セロリも同様にポロネギで巻く。

型に詰める→

5

テリーヌ型に大きめのラップフィルムを敷き、水分をふいたキャベツの葉を敷く。上にかぶせて包むので大きめに。

6

ホタテのだしを温め、水で戻した板ゼラチンを溶かしてゼリー液をつくり、型に流す。

7

両端を切りそろえたオクラをすき間なくきっちり詰める。

8

オクラがかぶるくらいにゼリー液を入れる。

9

ラップフィルムをはずした根セロリとニンジンを詰める。

10

片側にグリーンアスパラガスをすき間なく詰める。

11

ゼリー液を流す。

12

サヤインゲンをもう片側にすき間なく詰める。

13
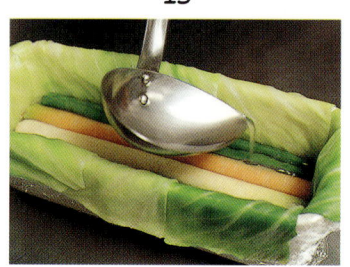
ゼリー液を流す。

14
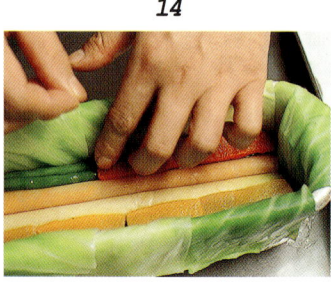
黄パプリカ、赤パプリカを両側に一列に詰める。

15
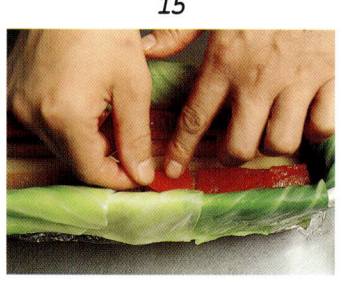
かぶるくらいにゼリー液を流し、色目が交互になるように赤パプリカを詰める。

16

次いで、黄パプリカを詰める。

17

ゼリー液を流し、ラップフィルムをはずしたキュウリを真ん中に詰める。

18

パレットナイフですき間を調整。

19

ナスを詰める。

20	21	22

1cmの大きさに切ったカリフラワーをきっちり詰める。	かぶるくらいにゼリー液を流す。	重ならないように両端を切り落としたシイタケをすき間なく詰める。
23	24	25

ゼリー液を流す。	モロッコインゲンで上面をすき間なくおおう。	ゼリー液を入れる。
26	27	28

キャベツを右、左と折って重ねる。	長辺の手前を折ってかぶせる。	ゼリー液をかけ、向こう側のキャベツを重ねる。最後にゼリー液をかける。

提供→

29	30	31
		テリーヌを1.4cmの厚さに切り分け、ラップフィルムをはずし器に盛る。フレンチドレッシングをまわりに流す。
タオルを敷いた作業台に軽く数回落として、中を落ち着かせる。	ラップフィルムを手前側から、向こう側、右、左とおおう。この状態で冷蔵庫で3時間ほど冷やし固める。	

[野菜のテリーヌ]

ゼリーやファルスを使わずに、十数種類の野菜を押し固めるだけでつくるテリーヌ。くずれやすいので型に詰める段階から、組み合わせに気をつける。なお日本の野菜は水分が多いので、蒸したり、真空パックにかけて野菜自身の水分で火を通すようにするとよい。野菜の味を凝縮させ、一つにまとめるイメージで仕上げる。

技術指導／岡本英樹
（ドゥロアンヌ）

=テリーヌ
（260×80×80mm1本分）

白・赤アンディーブ　各1本
アーティチョーク　3個
新ゴボウ　1本
フヌイユ　1株
根セロリ　1/4個
ニンジン　1/2本
キャベツの葉（大）　6枚
ホワイト・グリーンアスパラガス
　　各2本
ズッキーニ　1本
カリフラワー（小）　1株
ブロッコリー（小）　1株
サヤインゲン　100g
フルーツトマト　3個
赤・黄パプリカ　各1個
カボチャ　1/8個
塩、砂糖、黒コショウ　各適量
ローリエ、タイム　各適量
レモン　適量
バター　適量
オリーブ油　適量

野菜のテリーヌ

Terrine de légumes

＝つけ合せ（→P.36）

カボチャのムース
ニンジンのピュレ
根セロリのピュレ
トマトソース
パセリソース

カボチャ（くし形切り）をバターでソテーする。トマトは湯むきする。アーティチョーク、新ゴボウ、フヌイユ（薄切り）、パプリカ、根セロリとニンジン（細切り）は塩をふってオリーブ油とともに真空パックで加熱する。キャベツ、アスパラガス、ズッキーニは蒸す。サヤインゲン、カリフラワーとブロッコリー（房に分ける）は塩ゆでする。

野菜の下処理をする→

1

アーティチョークの下処理をする。ガクを包丁で切りはずし、根元を折る。

2

ガクの先端を切り落とす。

3

芯をスプーンでくり抜く。

4

切ったレモンを浮かべた氷水に入れ、アク止めする。

5

塩、黒コショウをふって、ローリエとともに真空パックの袋に入れる。新ゴボウも皮をむいて同様に塩、黒コショウをふって、ローリエ、タイム、オリーブ油とともに袋に入れる。

6

フヌイユを薄切りにする。

7

塩をふって真空パックの袋に入れ、オリーブ油を注ぎ入れる。直火であぶって皮をむいたパプリカ、細切りにした根セロリとニンジンも、塩をふって同様にオリーブ油とともに袋に入れる。

8

アンディーブは半分に切って塩、砂糖をふる。

9

真空パックの袋に入れ、レモンのくし形切り、オリーブ油を入れる。それぞれの袋を真空にかける。

10

鍋で湯を沸かし、袋が鍋底に直接あたらないように皿を敷く。袋入りの野菜を入れ、90℃で15分間加熱する。

11

キャベツ、アスパラガス、ズッキーニは100℃のスチームコンベクションオーブン（95％ヴァプール）で蒸す。

型に詰める→

12

サヤインゲンを多めの塩でもむ。

13

湯を沸かし、やわらかくなるまでゆでる。カリフラワー、ブロッコリーは小房に分けて塩ゆでにする。

14

テリーヌ型に長めに切ったラップフィルムを貼りつけ、キャベツを重なり合わせるようにして敷く。その際、キャベツの繊維の流れはテリーヌ型と並行に向け、型の外まで垂れ下がるようにする。

15

野菜を型に詰める。彩りを考えて、近い色どうしが隣合わないように気をつける。

16

サヤインゲンやアスパラ、ゴボウは細くてかたいためはがれすい。これらはテリーヌの角にこないように気をつけ、やわらかくて接着力のあるアンディーブやパプリカやカボチャと隣合うようにする。

17

つぶれすいトマトやブロッコリーはテリーヌ型の中央に配置する。

プレスする→

18
すべての野菜を詰め終わったら、キャベツでおおう。

19
さらに、外に垂らしておいたラップフィルムでおおう。

20
テリーヌ型の大きさに合わせてつくった発泡スチロールの蓋をのせる。

21
上から蓋をぐっと押しつけて、野菜の汁がにじみ出てくるまで密着させる。

22
一旦蓋とラップフィルムをはずして、再びラップフィルムをしっかり巻き直す。再び蓋をして、押す。このように押しては巻き整える作業を2、3度くり返す。

23
5kgの重しをのせ、4時間おいて押し固める。その最中でも途中で一度蓋とラップフィルムをはずして、しっかりと巻き直す。

24
ラップフィルムをつかんで引き上げるようにして、形の整った野菜のテリーヌを型からそっとはずす。

25
アルミホイルをまな板に敷き、その上に野菜のテリーヌをのせ、形をくずさないように気をつけながらラップフィルムをはずす。

提供→

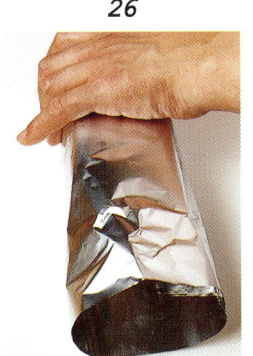
26
アルミホイルで野菜のテリーヌを巻き包む。

27
提供する際にはアルミホイルごと包丁で切る。

28
皿の上に盛りつけてアルミホイルをはずすと形がくずれない。

29
テリーヌを中央に盛り、パセリソースとトマトソースと互い違いに点々と皿のまわりに流す。カボチャのムース、ニンジンのピュレ、根セロリのピュレをスプーンですくって添える。

基本・野菜 | 31

[魚介のテリーヌ]

海の幸のモザイクテリーヌ、葉緑素マヨネーズ
Mosaïque de fruits de mer, mayonnaise chlorophylle

畜肉でつくる保存食が本来の姿だったテリーヌに、魚介類を使うようになったのは70年代に入ってから。生クリームをフードプロセッサーで一度に合わせずに、少しずつ加えながら手作業で混ぜ合わせるのは、魚介の使い方に長けた日本ならではの技法だ。こうすることで生クリームが立ちすぎず、実につやのある、やわらかな仕上がりとなる。

技術指導／北岡尚信（プティポワン）

ガルニチュールの魚介類を用意する。ホタテ貝は殻からはずし、半月状に切る。ウナギをフィレにおろし、アンチョビをはさむ。ヒラメ、サケを棒状に切り整える。巻エビをゆで、殻をむいておく。デコレーションのオマールエビのテールをゆでる。これらの魚介類にコニャックをまぶして3時間マリネしておく。舌ビラメはつくり方 **10〜13** を参照。

= テリーヌ
（220×100×80mm1本分）

ファルス
 舌ビラメフィレ　200g
 モンゴウイカフィレ　100g
 生クリーム　200g
 卵白　3個分
 塩、コショウ　各適量

ガルニチュール
 舌ビラメの赤ムース巻き
  舌ビラメ（1尾150g）　6尾
  赤いムース
   トマトペースト　小さじ1
   コニャック　適量
   トマトパウダー　小さじ1/2
   上記のファルス　60g
  シブレット　適量
 ホタテ貝柱　5個
 ウナギ　1/2尾
 アンチョビフィレ　10尾
 サケ（2cm角×20cm）　4本
 ヒラメ（2cm角×20cm）　4本
 カニ脚肉（20cm）　1本
 巻エビ（活）　20尾
 トリュフ（大）　3個
 すましバター　適量

デコレーション
 巻エビ（活）　14尾
 オマール海老　2尾
 トリュフ　2個
 ジュレ・ド・ポワソン*　適量
  フュメ・ド・ポワソン
  （→P.116）　1リットル
  玉ネギ（薄切り）　1/2個
  卵白　4個分
  板ゼラチン　40g
  塩、コショウ　各適量

＊ フュメ・ド・ポワソンに、玉ネギ、卵白を入れて加熱してすませる。水で戻した板ゼラチンを煮溶かして漉し、塩、コショウで味を調える。

= ソース

葉緑素マヨネーズ
 クレソン　2束
 マヨネーズ　適量

葉緑素マヨネーズ

クレソンをミキサーにかける。そのジュースを水とともにゆっくり火にかけ、浮き上がった葉緑素を漉し取り、マヨネーズと混ぜ合わせる。

ファルスをつくる →

1 舌ビラメを脱水シートではさみ、2〜3時間おいて水分を抜いておく。

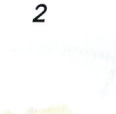

2 コシをつけるため、モンゴウイカを加える。適宜に切っておく。

3 フードプロセッサーに入れて塩をふる。塩をふると身が締まり、のちほど加える生クリームが入りやすくなる。

4 卵白を加えながらまわす。フードプロセッサーは回転すると熱をもつので、冷蔵庫で冷やしておくとよい。

5
写真程度のすり身状になったら完成。ここで塩味を確認しておく。

6
すり身の繊維を漉し器の全面を使ってていねいに漉し取る。

7
次第に目が詰まって通りにくくなるので、時折スケッパーでこそげ取る。冷蔵庫で締めておく。

8
生クリームを細くたらしながら木ベラで混ぜ合わせる。木ベラの動きは回転運動ではなく、往復運動。ボウルの壁面を激しく叩くようなイメージで力一杯混ぜ合わせる。

ガルニチュールをつくる→

9
なめらかに混ざりあった状態。うまく混ざり合ったファルスは表面につやがある。

10
舌ビラメの赤ムース巻きの赤いムースをつくる。**9**を60g取り分けて、トマトペースト、コニャック、トマトパウダーを混ぜる。

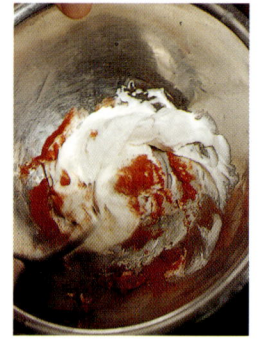

11
ラップフィルムに舌ビラメのフィレを7cm×20cmの長方形に並べる。包丁の刃で軽く身を叩き、スジを切って縮まないようにする。赤いムースをぬる。

12
みじん切りのシブレットをふり、ラップフィルムごとナルト状に巻く。

型に詰めて焼く→

13
巻き終わったら、冷凍庫で冷やし固める。

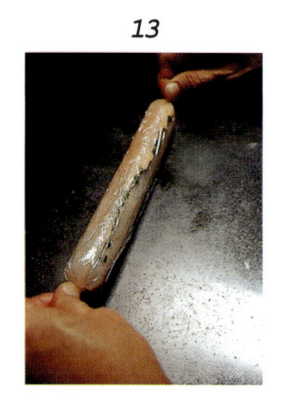

14
テリーヌ型の内側にすましバターをハケでぬり、冷蔵庫で冷やし固める。

15
5mmほどの厚さにファルスをぬる。

16
両側にサケ、その内側にヒラメ、真中にアンチョビをはさんだウナギを詰める。

17 一段詰めるごとに、素材のすき間をファルスで埋めるようにしておこう。

18 舌ビラメの赤ムース巻きを両側におき、間にカニの脚をおく。

19 具材は軽くファルスで和えておくとなじみがよい。

20 両側に巻エビ、その内側に半月状のホタテ貝を詰め、間にトリュフを入れる。

21 両側にサケ、その内側にヒラメ、真中に舌ビラメの赤ムース巻きを入れる。

22 全部の具材を詰め終わったら、ファルスをぬり、テリーヌ型を少し持ち上げて作業台に叩きつけ、空気を抜く。

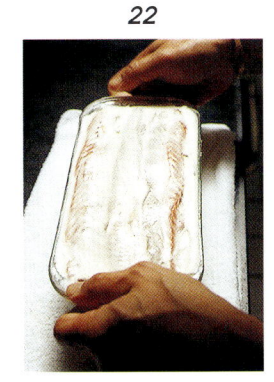

23 内側にすましバターをぬったアルミホイルで蓋をする。

24 テリーヌの上面が焼けないように小麦粉を水で練った生地（分量外）でおおう。160℃のスチームコンベクションオーブンで1時間15分火を通す。

仕上げる→

25 焼き上がったら板をのせ、重しをして粗熱をとり、冷蔵庫で落ち着かせる。写真は冷蔵庫から取り出したテリーヌ。

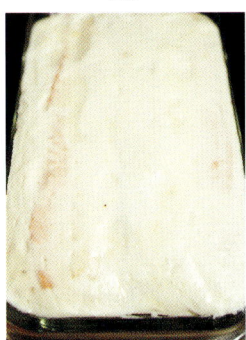

26 ジュレ・ド・ポワソンをぬって、半割にした巻エビを両側に縦に並べる。

27 中央にオマール海老のメダイヨンとトリュフのエマンセを並べて冷やし固める。

提供→

28 テリーヌを厚さ2cmに切り、葉緑素マヨネーズを添えて供する。

基本・魚介 | 35

基本のテリーヌのつけ合せ

P.13
最低2週間熟成させたシェフ
自慢の田舎風テリーヌ
自家製ピクルスと
ポルト酒風味のジュレ

= ピクルス

A
- カリフラワー　適量
- レンコン　適量
- コルニション　適量
- ニンジン　適量

ピクルス液
- 水　370cc
- 白ワイン　220cc
- 白ワインヴィネガー　190cc
- 塩　20g
- グラニュー糖　20g
- カイエンヌペッパー　2本
- ローリエ　3枚
- ニンニク　2片
- クローブ　4本
- コリアンダー　80粒
- 白粒コショウ　少量
- エストラゴン　3枝

ミニトマト　1個
アメリカンチェリー　1粒

1. ピクルス液を沸かし、大きめのポットに移しておく。
2. Aの材料を適宜に切り、たっぷりの湯でゆでて水をきる。熱いうちにピクルス液に入れて、氷水にあてて冷ます。
3. ミニトマト、アメリカンチェリーは冷めたら加えて一晩ねかせる。

= ポルト酒風味のジュレ

- ポルト酒　80cc
- コンソメ・ド・ブッフ（→P.118）　500cc
- 田舎風テリーヌのジュ　70cc
- 板ゼラチン　6.5g

1. テリーヌ型から抜いたときに出るジュを沸かしてアクをひき、キッチンペーパーで漉す。
2. ここにコンソメ・ド・ブッフと1/5量に煮詰めたポルト酒を加えて沸かし、アクをひく。水で戻した板ゼラチンを溶かして、冷やし固める。

P.28
野菜のテリーヌ

= カボチャのムース

- カボチャ　1個
- 玉ネギ　1個
- バター　50g
- フォン・ド・ヴォライユ（→P.116）　200cc
- 生クリーム　100cc

1. 玉ネギは繊維を断ち切るようにスライスし、バターを入れた鍋に入れる。カボチャの皮をむき、タネを取る。小さく切って鍋に入れる。
2. 蓋をして200℃のオーブンで15分間加熱する。
3. カボチャに火が通ったら、フォン・ド・ヴォライユを加え、かき混ぜながら5分間ほど煮る。
4. ミキサーにかけ、裏漉しで漉す。
5. かたく泡立てた生クリームと合わせてムースとする。

= ニンジンのピュレ

- ニンジン　10本
- 牛乳　500cc

1. ニンジンを親指の爪くらいの大きさに切る。
2. 鍋にやや塩辛めの塩水（分量外）を張り、ニンジンを入れて火にかける。沸騰したら、ザルに上げる。
3. 別鍋にニンジンを移し、浸るくらいまで牛乳を注ぐ。落し蓋をして1時間煮る。煮詰まってきたらこげつかないようにつねにかき混ぜる。
4. 煮くずれたニンジンがもったりして鍋底が見えるくらいになったら、ミキサーにかける。味を調えてニンジンのピュレとする。

= 根セロリのピュレ

- 根セロリ　700g
- バター　150g

1. 根セロリの皮をむいて適宜な大きさに切り分ける。
2. 鍋に入れて、多めのバターを加える。根セロリがつかるくらい水を注ぐ。塩少量（分量外）を加えて落し蓋をしてことこと煮る。
3. 1時間ほど煮て、かき混ぜると鍋底が見えるくらいに煮くずれたら、ミキサーにかける。味を調えてピュレとする。

= トマトソース

- トマト　4個
- 玉ネギ（薄切り）　1/4個
- ニンニク（薄切り）　2片
- ローリエ　1枚
- オリーブ油、塩　各適量

1. 鍋に多めのオリーブ油をひき、ニンニクを入れて火にかける。少し色づいたら取り出す。
2. 玉ネギは繊維を断ち切るようにスライスし、塩をし、先の鍋に入れて透き通るまで炒める。
3. ざく切りのトマト、ローリエを加えて1時間弱火で煮る。
4. トマトの酸味がとんだらミキサーにかける。
5. シノワで漉し、オリーブ油と塩で味を調えてソースとする。

= パセリソース

- パセリ　1束
- 塩　適量

1. パセリ1束を塩ゆでし、氷水にとる。ゆで汁は別に冷ましておく。
2. パセリをミキサーに入れ、ゆで汁100ccを入れてまわす。
3. 裏漉ししてパセリソースとする。

第2章
パテとテリーヌのバラエティ

皿に描く39のルセット

　第1章で解説した基本技術をベースに、多岐にわたる調理法でつくった39のパテとテリーヌが登場。素材は肉、野菜、魚介からそれぞれ幅広くそろえた。比較的軽いテリーヌもあれば、どっしりと重厚なパテもある。また冷たいテリーヌに加えて、レストランならではの温かいテリーヌも用意した。テリーヌには冷前菜というイメージが強いが、あらゆる場面で役立つようにいろいろなタイプのテリーヌを収録している。

　肉のパテとテリーヌでは、豚・牛・羊などの肉類や鴨・鶏などの鳥類、ジビエなどを使って肉の熟成された味を、野菜のテリーヌでは、たっぷりの野菜をぎゅっと圧してつくったプレッセや、多種の野菜を透明感のあるゼラチンで寄せたモザイク状の美しいゼリー寄せなど、素材の味を生かしたさわやかな季節の味を表現。魚介のテリーヌでは、日本人好みのエビやカニをたっぷり使った贅沢なゼリー寄せや、ホタテなどのすり身で寄せたふんわりやわらかなテリーヌなど、バラエティ豊かなメニューを5名のシェフが紹介する。

豚の頭肉のゼリー寄せ
Fromage de tête

チーズのような形に豚の頭肉を煮こごりにするこの料理は、頭肉自身が持つゼラチン質で固めるのが本来のスタイル。ただし、それだけでは濃度が足りないことが多いので、ゼラチンを加えて補う。ゼラチン不足でやわらかすぎると、にごった仕上がりになってしまう。

技術指導／岡本英樹（ドゥロアンヌ）

ゼリー液。豚頭のゼラチン質だけで足りないときは板ゼラチンで補う。

豚レバーのテリーヌ
Terrine de foie de porc

どっしりした豚肉の味が堪能できるベーシックなテリーヌ。オーブンの火入れの目安は、竹串を刺して出てくる透明なすんだ肉汁。にごっているときはまだ早い。

技術指導／中村保晴（オー グー ドゥ ジュール）

ファルス。肉類は粗挽きに。

豚 | 39

豚レバーのテリーヌ
Terrine de foie de porc

=テリーヌ（250×100×80mm1本分）

＊いずれも下処理後の分量

豚レバー　500g
豚ノド肉　500g
豚背脂　125g
コニャック　適量
玉ネギ赤ワイン煮　以下を60g
　玉ネギ（みじん切り）　適量
　赤ワイン　適量
ニンニク（すりおろし）　1片
パセリ（みじん切り）　少量
塩　17g
カトルエピス＊　少量
白コショウ　1.5g
ローリエ、タイム　各適量
ニンニク（薄切り）　適量
パセリの茎　適量

=つけ合せ

ミックスサラダ（解説省略）　適量
コルニション　適量

＊　4種のミックススパイス。
ここではコショウ、ナツメグ、クローブ、シナモンを使用。

テリーヌ

1　豚レバー、豚ノド肉を直径4.7mmのミンサーで粗挽きにする。
2　豚背脂は1〜2mmの角切りにする。**1**と合わせてボウルに入れ、コニャックをふりかけ、1日冷蔵庫に入れてマリネする。
3　玉ネギ赤ワイン煮をつくる。玉ネギはみじん切りにして、浸るくらいの赤ワインを入れ、水分がなくなるまで煮る。ニンニクはすりおろす。パセリはみじん切りにする。
4　ボウルに**2**、**3**、塩、カトルエピス、白コショウを入れてよく混ぜ合わせる。
5　ベーキングシートを貼ったテリーヌ型に、空気が入らないように、すき間なく詰める。上にローリエ、タイム、薄切りのニンニク、パセリの茎をのせ、アルミホイルでおおう。
6　湯煎状態にして150℃のオーブンに入れ、90分間火を入れる。粗熱がとれたら、冷蔵庫で1日おいて締める。

提供

7　取り出したテリーヌを1.5cmくらいの厚さに切り分け皿に盛る。
8　ミックスサラダを盛り合わせ、コルニションを添える。

豚の頭肉のゼリー寄せ

Fromage de tête

=テリーヌ（190×80×75mm1本分）

豚頭肉　1頭分
塩　300g/kg
砂糖　塩の20%
香味野菜
　ニンジン（1cm角）　2本
　玉ネギ（1cm角）　4個
　セロリ（1cm角）　2本
パセリ（みじん切り）　10枝分
コルニション　20本

=ソース

ラビゴットソース
　ヴィネグレットソース
　　バルサミコ酢　16cc
　　シェリーヴィネガー　12cc
　　赤ワインヴィネガー　12cc
　　クルミ油　80cc
　　オリーブ油　200cc
　　塩、コショウ　各適量
　ディジョンマスタード　30g
　ゆで玉子（みじん切り）　2個
　ケッパー（みじん切り）　適量
　コルニション（みじん切り）　5本
　レモンの皮の塩漬け*（みじん切り）　20g
　トマト（さいの目切り）　2個
　パセリ（みじん切り）　適量
　シブレット（みじん切り）　適量

=つけ合せ

ホウレンソウのサラダ（解説省略）

*　輪切りにしたレモンをたっぷりの塩の中に漬けたもので、真空パックすれば1年間保存できる。使うときに塩を洗い流して身とワタを除く。

テリーヌ

1　豚の頭肉（骨からはずした状態）の毛をバーナーで焼ききる。毛抜きで抜ける太さの毛は抜き取る。
2　耳、鼻、ホホ肉に切り分ける。眼のまわりは毛が濃くて焼ききれないので、切り除く。
3　掃除を終えた頭肉の重量の30%にあたる塩、塩の20%の砂糖をまぶし、12時間おく。
4　塩を洗い落として、流水に2時間さらして塩抜きする。
5　1cm角に切った香味野菜とともに鍋に入れ、水を注いで火にかける。アクをひきながら、弱火で煮る。
6　煮上がった頭肉をバットに広げて冷ます。耳、鼻、ホホ肉をそれぞれの部位ごとに適宜な大きさに切り分ける。
7　鍋の煮汁を布漉しして、塩（分量外）で味を調え、冷ます。かたさをみて、ゆるかったら水で戻した板ゼラチン（分量外）を足してゼリー液とする。
8　ラップフィルムをテリーヌ型よりも長めに切って、型の外まで垂れ下がるようにして貼りつける。
9　7のゼリー液を少量流し、冷やし固めてラップフィルムの上に薄いゼリーの膜をつくっておく。
10　ゼリー液を少量流し、1層目の頭肉を並べる。とくに決まった順番はないが、同じ段の肉は、耳なら耳とすべて同じ部位でそろえる。パセリのみじん切りをふる。
11　コルニションを1列並べる。
12　再びゼリー液を少量流し、2層めの頭肉を並べ、パセリのみじん切りをふる。このようにゼリー液、頭肉、パセリの順に詰めていき、ときどきコルニションを1列ずつはさむ。
13　型一杯に詰めたら外に垂らしたラップフィルムで蓋をする。
14　板をのせて重しをかけ、冷蔵庫に2時間おいて冷やし固める。

ソース

15　ラビゴットソースをつくる。まず塩、コショウ、バルサミコ酢、シェリーヴィネガー、赤ワインヴィネガー、クルミ油、オリーブ油を撹拌してヴィネグレットソースをつくり、ディジョンマスタードを合わせる。
16　ゆで玉子、ケッパー、コルニション、レモンの皮の塩漬けのみじん切りを加える。さいの目切りのトマト、パセリとシブレットのみじん切りを加えて、ラビゴットソースとする。

提供

17　ゼリー寄せを型から取り出して切り分けて器に盛る。
18　ホウレンソウのサラダとラビゴットソースを添える。

ソーセージのブリオッシュ包み
Saucisson en brioche

リヨン特産のソーシソンをブリオッシュ生地で包んだこの料理は、ポール・ボキューズがアミューズ・ブーシュとして提供したことで知られる。フォワグラのテリーヌもブリオッシュ生地でおおって焼くのが本来のスタイルで、生地の食感がよい口休めとなる。

技術指導／北岡尚信（プティポワン）

仔牛とフォワグラのパテ・アン・クルート
Pâté en croûte "pavé du roi"

大きく切った仔牛とフォワグラのガルニチュールがアクセント。アン・クルートは、ブリゼ生地とファルスの両方に、ちょうどよい状態で火を入れなければならないので、オーブンの温度調節が肝心となる。

技術指導／荻野伸也（オギノ）

ファルス。粗挽き肉にグラスと卵を加えたので粘り気がでた。

ソーセージのブリオッシュ包み
Saucisson en brioche

=テリーヌ（290×80×75mm1本分）

ソーシソン　1本
卵　適量
小麦粉　適量
ブリオッシュ生地
　強力粉　125g
　生イースト　5g
　ぬるま湯　25〜50cc
　砂糖　10g
　塩　少量
　卵　2個
　バター　50g

テリーヌ

1　ブリオッシュ生地をつくる。生イーストはぬるま湯で溶かしておく。バターはポマード状に戻しておく。材料をすべてよく混ぜ合わせて生地をつくってまとめ、冷蔵庫で一晩ねかせる。
2　台に打ち粉をして、生地をソーシソンが包めるような幅の長方形に延ばし、生地に溶き卵をぬって小麦粉をまぶす。
3　ソーシソンにも溶き卵をぬり、小麦粉をまぶしたブリオッシュ生地の手前側におく。
4　巻きずしの要領で生地をしっかり締めつけながらくるくると巻いて、両端を押さえてふさぎ、余分な生地は切り取る。テリーヌ型に詰める。
5　天板にのせ、30℃ぐらいの温かいところで30分間ほど発酵させる。
6　表面に溶き卵をぬり、200℃のオーブンで30分間焼く。
7　冷めたら型からはずし、断面が見えるように切り分ける。

仔牛とフォワグラのパテ・アン・クルート
Pâté en croûte "pavé du roi"

= パテ・アン・クルート
(約1.5リットル容量楕円型6台分／仕込みやすい分量)

ガルニチュール
 仔牛モモ肉　2kg
 フォワグラ　1kg
 マリナード
  塩　60g
  コショウ　10g
  砂糖　5g
  赤ポルト酒　150cc
  コニャック　150cc

ファルス
 豚ノド肉　1kg
 リ・ド・ヴォーの蒸し煮*（→P.68）
 グラス・ド・ヴォー　150cc
  フォン・ド・ヴォー（→P.117）　1リットル
 鶏ムネ肉　500g
 仔牛バラ肉　1kg
 仔牛レバー　300g
 豚背脂　300g
 マリナード
  塩　20g/kg
  コショウ　5g/kg
  ノイリー酒　適量
  赤ポルト酒　適量
 卵　6個

ブリゼ生地（→P.119）　690g（1台分）

卵黄　適量
コンソメ（→P.117）　適量

* リ・ド・ヴォー 1.5kgでつくる。
そのほかの分量はP.68に準ずる。

パテ・アン・クルート

1. ガルニチュールをつくる。仔牛モモ肉、フォワグラを2cm角に切る。それぞれにマリナードをまぶして冷蔵庫で一晩マリネする。
2. ファルスをつくる。豚ノド肉、リ・ド・ヴォーの蒸し煮、鶏ムネ肉、仔牛バラ肉、仔牛レバー、豚背脂を3cm角に切って合わせる。マリナードをまぶして、冷蔵庫に一晩おいてマリネする。
3. 2を取り出してミンサー（直径8mm）で粗挽きにする。
4. フォン・ド・ヴォーを150ccに煮詰めてグラス・ド・ヴォーをつくる。
5. 3の肉にグラス・ド・ヴォーと卵を混ぜてよく練りファルスをつくり、ガルニチュールを混ぜる。
6. ブリゼ生地はラップフィルムにはさんで、麺棒で2mmほどの厚さに延ばす。型の大きさに合わせて楕円形の底面と帯状の側面（上に糊しろが残るような高さに）、楕円形の上面を用意する。
7. 型に底面の生地を敷き込み、側面の生地を内側にまわして、底面と側面の継ぎ目を指でしっかりと貼りつける。
8. 空気が入らないようにファルスを型に詰める。
9. 側面を内側に曲げて卵黄をぬって、上面の生地を貼りつける。ナイフで表面に浅く模様を入れ、水を加えた卵黄をぬる。
10. 割箸などにアルミホイルを巻いて生地に刺す。割箸のみを引き抜いて、アルミホイルの煙突を立てる。都合3本の煙突を等間隔に立てる。ここからファルスの蒸気を逃がし、生地の破れを防ぐ。また最後にコンソメを注ぐときにも煙突を使う。
11. 250℃のオーブンで25分間焼く。生地に焼き色がついたら180℃に温度を下げて30分間焼く。
12. オーブンから取り出して、煙突を立てたまま冷ます。ファルスと生地の間にすき間ができるので、このすき間に、温めて溶かしたコンソメを注ぎ入れる。
13. 一晩冷蔵庫に入れてコンソメを固める。翌日もう一度すき間に温めたコンソメを注いで冷蔵庫に入れて一晩おく。3日目にもう一度温めたコンソメを注いで冷蔵庫に入れて固める。

提供

14. 適当な厚さに切り出して盛りつける。このパテは熟成の必要はなく、なるべく早めに使い切る。

牛タンのルキュルス
Langue de bœuf Lucullus

しっかりと味をしみ込ませた牛タンは、塩味が強くついているので、これを考慮してファルスの調味を加減する必要がある。また冷蔵するとかなりかたくなるので、くずれやすい。提供10分前に冷蔵庫から出して戻してから切り分けるとよい。

技術指導／荻野伸也（オギノ）

ファルス。溶かしたフォワグラに板ゼラチンを加えた。

羊のロニョンのパテ、パイ包み焼き
Pâté de rognon d'agneau en croûte

においがしない北海道産のフレッシュな羊の腎臓を使って、キドニーパイのイメージでパテにした。ファルスに火を通しすぎるとぱさつくが、パイ生地のほうはさっくりと仕上げたいので、まずコンベクションオーブンで中に火を通したのち、通常のオーブンに移して焼き上げている。

技術指導／岡本英樹（ドゥロアンヌ）

包丁で叩いた仔羊肉がベースのファルス。

牛タンのルキュルス
Langue de bœuf Lucullus

=テリーヌ（250×80×60mm1本分）

ガルニチュール
　牛タンの塩漬け　以下を300g
　　牛タン（ノド付き）　1本（1.5kg）
　　グロセル　適量
　　ローリエ　10枚
　　ネズの実　大さじ1
　　クローブ（ホール）　5〜6本
　　タイム　5枝

ファルス
　鴨のフォワグラ（650g前後のもの）　1羽分
　赤ポルト酒　100cc
　板ゼラチン　1枚（2g）
　塩、コショウ　各適量

=つけ合せ（1人前）

アンディーブのサラダ
　アンディーブ　適量
　ヴィネグレットソース　以下を適量
　　赤ワインヴィネガー　150cc
　　シェリーヴィネガー　150cc
　　オリーブ油　300cc
　　サラダ油　300cc
　　エシャロット（みじん切り）　2個
　　エストラゴン（フレッシュ）　2本
　　塩、コショウ　各適量

トリュフオイル　適量
ミニョネット（黒）　少量
イタリアンパセリ　少量

テリーヌ

1　ガルニチュールの牛タンの塩漬けをつくる。フールシェットで牛タンに無数の穴をあける。20分間くらい続けて行なって繊維を断ち切る。流水に一晩さらして血抜きをする。

2　マリナードを用意する。寸胴鍋に水を注ぎ、グロセルと丸のままのジャガイモ（分量外）、ローリエ、ネズの実、クローブ、タイムを入れて火にかける。沸いた状態でジャガイモがちょうど鍋の深さの半分くらいのところでゆらゆら浮いているくらいの塩分濃度に調える。ジャガイモが沈んだらグロセルを加え、浮いたら水を加えて濃度を調整する。

3　マリナードの塩分濃度を調えたら、火を止めて冷ます。冷めたら血抜きした牛タンを入れて、冷蔵庫で3日間おく。

4　牛タンを取り出し、血で赤くにごっているマリナードを再び沸かし、アクをひく。再びジャガイモが中間地点で浮いているくらいの塩分濃度に調えたら火を止める。冷めたら牛タンを戻して、冷蔵庫で3日間おく。

5　4の作業をさらに2回くり返す。牛タンの塩漬けの完成。

6　牛タンの塩漬けを流水に1日さらし、翌日熱湯で4時間ゆでる。

7　牛タンの皮をむいて、乾燥しないように表面にラード（分量外）をぬって、冷蔵庫に一晩おく。さらに冷凍庫に移して半冷凍にし、2mmの厚さにスライスする。

8　ファルスをつくる。フォワグラを3cm角に切って、ソトワールで炒める。

9　別の鍋に赤ポルト酒を入れて火にかけてフランベし、フォワグラを入れる。フォワグラが溶けてピュレ状になったら、水につけて戻した板ゼラチンを加えて溶かし、ミキサーに移す。

10　9が冷めるまでミキサーをまわし続ける。冷めてくると乳化するので、塩、コショウで味を調える。

11　テリーヌ型に10のフォワグラを少量流し、7の牛タンを敷き詰める。フォワグラ、牛タンの順に詰めて層にする。

12　冷蔵庫で冷し固める。その日の夜に使える。

つけ合せ

13　アンディーブのサラダをつくる。ヴィネグレットソースの材料をすべて合わせて瓶などに入れてシェイクしてよく混ぜる。

14　せん切りにしたアンディーブをヴィネグレットソースで和える。

提供

15　テリーヌを10分間ほど常温で戻し、1.5cmの厚さに切って盛りつける。トリュフオイルをぬり、ミニョネットを散らす。

16　アンディーブのサラダを盛り、イタリアンパセリを添える。

羊のロニョンのパテ、パイ包み焼き
Pâté de rognon d'agneau en croûte

=パテ（直径125mm丸型1台分）

ファルス
 仔羊クビ肉　50g
 仔羊モモ肉　50g
 仔羊の腎臓　1個
 フォワグラ（角切り）　30g
 トリュフ（角切り）　5g
 卵　1/2個
 タイム　少量

フイユタージュ生地（→P.120）　2枚

=ソース

コニャック　100cc
白ポルト酒　100cc
マデラ酒　30cc
フォン・ド・ヴォー　以下を100cc
 仔牛の骨　20kg
 牛スジ肉　20kg
 玉ネギ（4等分）　5個
 ニンジン（4等分）　3本
 セロリ（ぶつ切り）　2本
 ブーケガルニ　1束
 ポロネギの青い部分　5本
 ホールトマト　2550g
 水　40リットル
コンソメ（→P.116）　60cc
赤ワイン　50cc
エシャロット（みじん切り）　20g
トリュフ（みじん切り）　5g
バター　適量

パテ

1. ファルスをつくる。仔羊クビ肉、モモ肉を包丁できざむ。ケンネ脂をはがした新鮮な腎臓を一口大に切り分ける。
2. ここにフレッシュのフォワグラ、トリュフ、卵、タイムの葉を加えてファルスとする。
3. フイユタージュ生地を大小2枚（直径12.5cmと10.5cm）に丸く切り抜く。
4. 小の生地の上にファルスをのせる。大の生地をかぶせて縁をとめて帽子状の形にする。
5. 貼り合わせた生地の縁（帽子のつばにあたる部分）に、セルクルを使って2cmおきにカーブのついた切り込みを入れる。切り込みを折って花びら状に形を整える。
6. ファルスを包んでいる生地（帽子のふくらみにあたる部分）に包丁で放射状にスジをつけて飾りとする。てっぺんに蒸気抜きの穴を開ける。
7. 溶きほぐした卵黄（分量外）をぬって、200℃のコンベクションオーブンで20分間焼く。仕上げに通常のオーブンに移して、底をぱりっと焼く。

ソース

8. まずフォン・ド・ヴォーをとる。仔牛骨、牛スジ肉は250℃のオーブンでこんがり焼く。玉ネギ、ニンジン、セロリは塩（分量外）をして200℃のオーブンでゆっくり焼き色をつける。骨とスジ肉を寸胴鍋に入れ、水を注いで強火にかける。沸騰したらアクをひき、さし水をし、再び沸騰させてアクをひく作業を3回くり返す。焼き色をつけた野菜とブーケガルニ、ポロネギ、ホールトマトを加え、弱火で2日間煮る。漉して1番のフォンをとり、漉しとった材料を再び寸胴鍋に入れ、ひたひたに水を注ぐ。半日間弱火で煮出して漉し、2番のフォンをとる。1番と2番のフォンを合わせ、弱火で半日間煮詰めてフォン・ド・ヴォーとする。
9. トリュフとバター以外の材料を合わせ火にかけて、1/10量になるまで煮詰める。
10. 裏漉しにかけ、トリュフを加え、バターでモンテする。

提供

11. 器にソースを流し、パテを切り分けて盛る。

うさぎのテリーヌ
Terrine de lapin

味の濃厚な、いかにもテリーヌらしい一皿。豚血は新鮮なものを使うのがポイント。さっぱりとした酸味の効いたサラダをたっぷり合わせた。

技術指導／中村保晴
(オー グー ドゥ ジュール)

各種肉類に豚血を加えた濃厚なファルス。

フロマージュ・ドゥ・テット風に仕上げた
仔ウサギと豚足のコンポート　パセリ風味
Terrine de lapereau et pied de porc, comme le fromage de tête

仔ウサギは上品だがしっかりとした旨みをもっている。ここに豚足のゼラチン質を加えてテリーヌをまとめた。口溶けのよいゆるいタイプではなく、ほどよい食感があって噛んでおいしいジュレに仕立てた。夏に向くひんやりとしたテリーヌ。

技術指導／原口　広
（レザンファン ギャテ）

うさぎのテリーヌ
Terrine de lapin

= テリーヌ（250×100×80mm1本分）
* いずれも下処理後の分量

A
　ウサギ背肉（角切り）　530g
　豚ノド肉（ミンチ）　200g
　鶏レバー（ミンチ）　150g
　コニャック　10cc
　白ポルト酒　15cc
　塩　12g
　コショウ　1.2g
フォワグラのテリーヌ（→P.77）　200g
豚血　80cc
タイム（みじん切り）　少量
エストラゴン（みじん切り）　少量
ネズの実（みじん切り）　少量

米ナスのソテー
　米ナス　3〜4個
　塩、コショウ、オリーブ油　各適量

タイム、ニンニク（薄切り）、ローリエ　各適量

= つけ合せ（1人前）

ウサギ背肉　1/6羽
ウサギ腎臓　1個
オリーブ油、塩、コショウ　各適量
ミックスサラダ（解説省略）　適量
ベーコン（細切り）　適量
クルトン　適量
バルサミコ酢　少量
フレンチドレッシング（→P.25）　適量
黒粒コショウ　適量

テリーヌ

1　ボウルに**A**の材料を入れてよく混ぜる。空気にふれないようにラップフィルムでおおい、冷蔵庫で1日おいてマリネする。
2　フォワグラのテリーヌを小角切りにする。
3　**1**を冷蔵庫から取り出してフォワグラのテリーヌを混ぜる。
4　つぎに豚血を入れて混ぜ、全体をなじませ、最後にタイム、エストラゴン、ネズの実をよく混ぜ合わせる。
5　米ナスのソテーをつくる。米ナスは縦に薄切りにする。オリーブ油をひいたフライパンで両面をソテーし、塩、コショウで味を調える。ペーパータオルにはさんで油をしっかり吸い取っておく。
6　テリーヌ型にベーキングシートを貼り、内側に米ナスのソテーをすき間なく貼りつける。
7　空気が入らないように注意して**4**を詰める。
8　上面を米ナスでおおい、薄切りのニンニク、タイム、ローリエを散らし、アルミホイルでおおう。
9　湯煎状態にして、150℃のオーブンで45分間火を入れたら、前後の向きを変え、さらに45分間火を入れる。取り出して、常温に戻しながら落ち着かせる。

つけ合せ

10　ミックスサラダに、炒めた細切りベーコン、クルトンを加え、バルサミコ酢を混ぜ、フレンチドレッシングで和える。
11　ウサギ背肉は掃除して骨ごとに切り分け、余分なスジや脂を取り除く。フライパンにオリーブ油を熱し、ウサギ背肉と腎臓を炒め、軽く塩、コショウをふる。

提供

12　うさぎのテリーヌを型から取り出し、厚さ1.4cmに切り分けて器に盛る。
13　ミックスサラダを盛る。背肉と半割にした腎臓のソテーを添え、上に黒粒コショウをのせる。

フロマージュ・ドゥ・テット風に仕上げた
仔ウサギと豚足のコンポート　パセリ風味
Terrine de lapereau et pied de porc, comme le fromage de tête

= テリーヌ（250×80×60mm1本分）

豚足　2本

A
- ニンニク（1cm角）　1/4株
- 玉ネギ（1cm角）　1/4個
- ニンジン（1cm角）　1/4本
- セロリ（1cm角）　少量
- タイム　1枝
- ローリエ　1枚
- 白コショウ、パセリの茎、クローブ、塩　各少量

B
- 水　1リットル
- 白ワイン　100cc

仔ウサギ　1羽（1.4kg）

C
- 白ワイン　50cc
- フォン・ブラン・ド・ヴォライユ（→P.118）　500cc

豚足の煮汁　適量

D
- ニンニク（1cm角）　1/4株
- 玉ネギ（1cm角）　1/4個
- ニンジン（1cm角）　1/4本
- セロリ（1cm角）　少量
- タイム　1枝
- ローリエ　1枚
- 白コショウ、パセリの茎、クローブ、塩　各少量

板ゼラチン　14g
塩、コショウ　各適量
パセリ（みじん切り）　35g

= つけ合せ（1人前）

サラダ
- アンディーブ　1枚
- コルニション　1本
- ホワイトアスパラガス（ボイル）　1本
- ミニトマト　1個
- ニンジン　少量
- マーシュ　3枚
- ヴィネグレットソース（→P.72）　適量

ピンクペッパー　少量

テリーヌ

1. 豚足の下調理をする。掃除をして鍋に入れ、**B**を加えて火にかける。沸騰したらアクをひき、**A**を加えて再び沸かし、アクを引きながら弱火でやわらかくなるまで煮る。
2. 骨をはずして冷蔵庫で冷し固める。煮汁は漉しておく。
3. 仔ウサギの下調理をする。仔ウサギは頭、ムネ、前脚、後脚、背肉に切り分ける。鍋に入れ、**C**と豚足の煮汁を加えて火にかけて沸騰させる。アクを引いて**D**を加え、さらにアクを引きながら弱火でやわらかくなるまで煮込む。
4. ウサギの肉をほぐしながら骨をはずす。煮汁は漉して、700ccになるまで煮詰めて、塩、コショウで味を調える。氷水で戻した板ゼラチンを加えて溶かし、粗熱をとる。
5. **2**の豚肉は5mm角に切り、**4**の仔ウサギ肉と合わせ、塩、コショウを加えてよく混ぜる。ゼラチンを加えた煮汁を合わせて味を調え、パセリを入れる。
6. テリーヌ型にアルミホイルを敷き、**5**を流して、アルミホイルで上をおおって冷し固める。

つけ合せ

7. 野菜を適宜に下処理して切り分け、ヴィネグレットソースで和えて、アンディーブの上に盛る。

提供

8. テリーヌを切り分けてアルミホイルをはずして皿に盛り、断面にヴィネグレットソースをぬる。
9. つけ合せのサラダを添えて、ピンクペッパーを散らす。

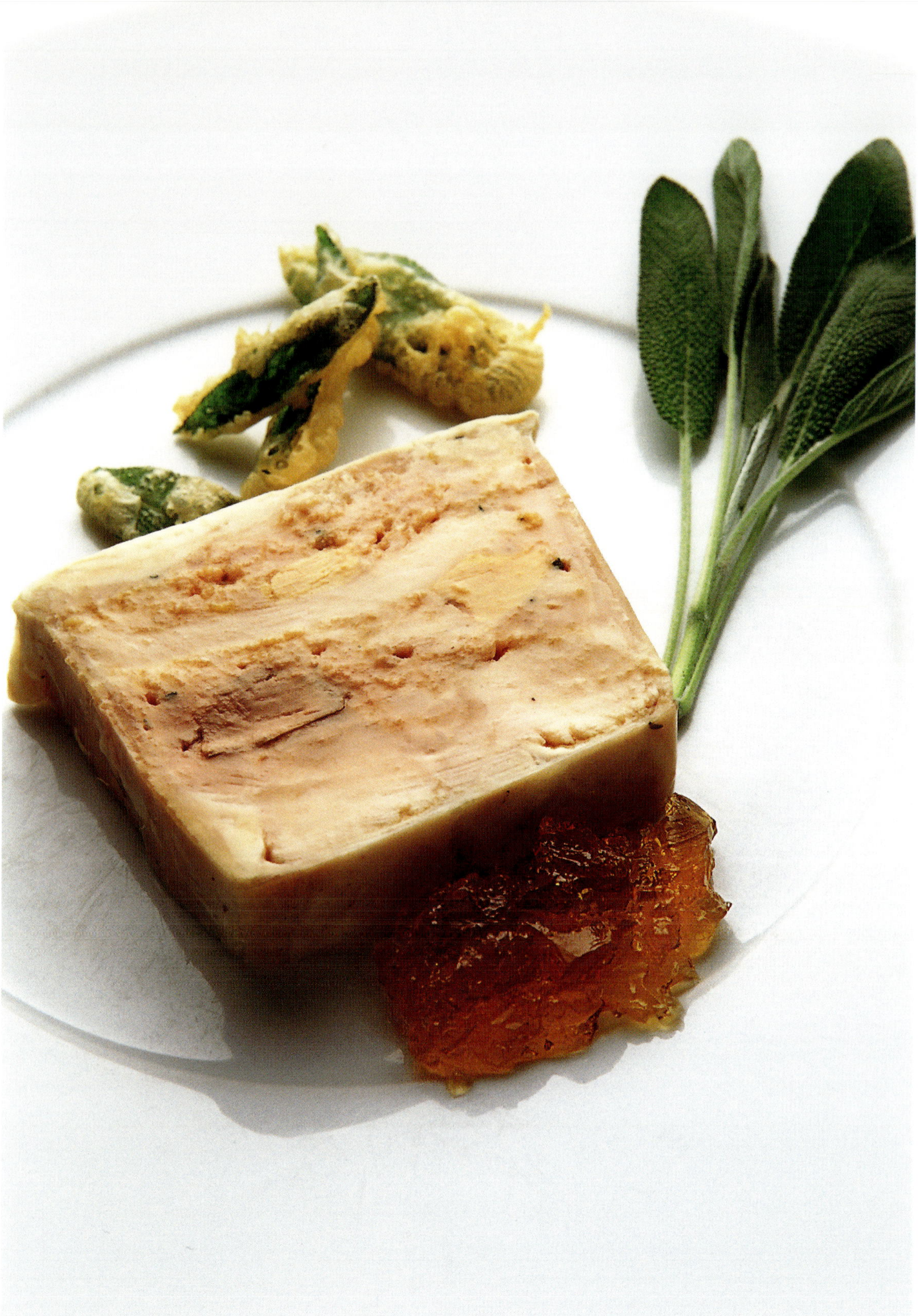

エゾ鹿のテリーヌ

Terrine de chevreuil

豚肉が苦手な顧客にテリーヌを提供したくて、ぱさつきやすいエゾジカであるが、あえてチャレンジしてみた。加熱しすぎず、よく休ませてデリケートに火を入れるのがポイント。3歳の雌のエゾジカを首からサドルまで一括で仕入れたところ、レバーと心臓も鮮度がよかったので、ファルスに活用した。

技術指導／岡本英樹（ドゥロアンヌ）

エゾジカ肉と内臓、フォワグラ、トリュフを加えたファルス。

ウサギのテリーヌ、セージ風味

Terrine de lapin à la sauge

ウサギの背肉とそこからつながっている薄いバラ肉をテリーヌ型に敷き詰め、切り分けたときの形の面白さを狙う。以前は鶏のモモ肉と白ワインをファルスに加えていたが、ウサギの邪魔となっていたので省いたところ、ウサギそのものを楽しめる仕上がりとなった。

技術指導／岡本英樹（ドゥロアンヌ）

ウサギ肉をベースに、角切りのフォワグラとトリュフを加えたファルス。

ウサギのテリーヌ、セージ風味
Terrine de lapin à la sauge

＝テリーヌ（190×80×75mm1本分）

ガルニチュール
  鶏ムネ肉（大山地鶏）　1枚

ファルス
  ウサギ　1羽
  マリナード
    エシャロット（薄切り）　100g
    ニンニク　20g
    セージ　4枝
    ヴェルモット酒　50cc
    塩　12g/kg
    コショウ　2g/kg
  卵　2個
  フォワグラ　30g
  トリュフ　10g
  セージ　6枝

＝つけ合せ

セージのベニエ
  セージ　適量
  ベニエの衣
    薄力粉　50g
    コーンスターチ　50g
    卵　1個
    ビール　75cc
    ベーキングパウダー　7g
  サラダ油　適量
ウサギのコンソメ（→P.117）　適量
セージ　1枝

テリーヌ

1. ファルスをつくる。ウサギを背肉、前脚、後脚に分けてさばき、骨を取り除く。薄切りのエシャロット、つぶしたニンニク、塩、コショウ、ヴェルモット酒、セージをまぶして、冷蔵庫に入れて一晩マリネする。
2. エシャロット、ニンニク、セージを取り除き、前脚と後脚はマリナードとともに粗目のミンサーに1回かける。溶きほぐした卵、角切りにしたフレッシュのフォワグラ、トリュフ、みじん切りのセージを加えてファルスとする。
3. ガルニチュールを用意する。鶏ムネ肉から皮をはずし、身を長めにスライスする。皮はとりおく。
4. ウサギの背肉をテリーヌ型の底に敷き、壁面にウサギのバラ肉を貼りつける。
5. 半分くらいまでファルスを詰め、その上に鶏ムネ肉を並べる。
6. さらにファルスを上まで詰め、鶏の皮でおおって蓋をする。
7. 78℃のスチームコンベクションオーブン（95％ヴァプール）に入れ、1時間半加熱する。
8. 粗熱がとれたら、型ごと冷蔵庫に入れて保存する。

つけ合せ

9. セージのベニエをつくる。まずベニエの衣の材料をすべて合わせる。衣をセージの葉につけて、180℃のサラダ油で揚げる。

提供

10. テリーヌを型から取り出し、切り分けて器に盛る。セージのベニエ、ダイスに切ったウサギのコンソメを添え、フレッシュのセージを飾る。

エゾ鹿のテリーヌ

Terrine de chevreuil

= テリーヌ（190×80×75mm 1本分）

エゾジカクビ肉　800g
エゾジカバラ肉　100g
エゾジカレバー　70g
エゾジカ心臓　100g
マリナード
　塩　13g/kg
　コショウ　3g/kg
　エシャロット（薄切り）　100g
　ニンニク　3片
　コニャック　30cc
　白ポルト酒　20cc
卵　適量
フォワグラ（さいの目切り）　150g
トリュフ　50g
ミニョネット（黒）　適量
ネズの実　適量
塩　適量
エゾジカ背脂（スライス）*1　適量

= ソース

エシャロット（みじん切り）　50g
ミニョネット（黒）　1g
コニャック　30cc
マデラ酒　30cc
赤ポルト酒　15cc
フォン・ド・シュヴルイユ*2　200cc

= つけ合せ

リンゴのピュレ
　リンゴ　1個
　白ワイン　60cc
　砂糖　30g
リンゴのリボン
　リンゴ　1個
　粉糖　適量
ネズの実

*1　季節によって厚みが違うので、薄切りにして用いる。
*2　鹿の骨、ミルポワを赤ワインだけで弱火で煮て、漉したもの。

テリーヌ

1　エゾジカのレバーと心臓に塩、コショウする。エシャロットの薄切り、ニンニクを加えて、コニャック、白ポルト酒をふり、一晩マリネする。
2　心臓は細かくきざむ。レバーはフードプロセッサーにかけ、シノワで漉す。
3　エゾジカのクビ肉、バラ肉の脂肪部分を粗目のミンサーに1回かけて粗挽きにする。
4　きざんだ心臓とレバーのピュレ、溶きほぐした卵少量、フレッシュのフォワグラのさいの目切り、きざんだトリュフを加える。
5　ミニョネットと、ミルサーで挽いたネズの実を加え、塩で味を調える。
6　テリーヌ型の内側にラップフィルムを2枚、アルミホイルを2枚ずつ貼る。ここにエゾジカの背脂のスライスを貼りつけ、冷やしておく。
7　5を詰める。アルミホイル2枚で蓋をする。
8　78℃のスチームコンベクションオーブン（95%ヴァプール）で1時間半加熱する。中心温度は68℃になる。
9　500gくらいの重しをのせて、常温で1時間おき、休ませる。
10　氷水に入れて冷やし、冷蔵庫で保存する。

ソース

11　エシャロットをみじん切りにしてしんなりと炒め、ミニョネットをたっぷり加える。
12　コニャック、マデラ酒、赤ポルト酒を加えて煮詰める。フォン・ド・シュヴルイユを加えてソースとする。

つけ合せ

13　リンゴのピュレをつくる。リンゴをきざんで鍋に入れ、白ワイン、砂糖を加えて火にかける。透き通ってきたらミキサーにかけてピュレにする。
14　リンゴのリボンをつくる。リンゴを薄いくし形切りにする。裏表に粉糖をふり、少しずつ端を重ねて板状にして天板に並べる。
15　110℃のオーブンで3時間加熱して乾かす。
16　まだ温かいうちにリボン状に切り分ける。

提供

17　テリーヌを型から取り出して切り分け、器に盛る。
18　ソースをテリーヌにかける。
19　リンゴのピュレとリンゴのリボンを添える。ネズの実を散らす。

テリーヌ・ジビエ・オールスターズ
Terrine de gibiers ALL STARS

6種類のジビエのテリーヌは、ジビエの季節の人気メニュー。その時々で種類は変わるが、割合としては鳥類を多めに使ってバランスをとっている。なんといっても肉の熟成が美味しさを左右する。とくに鳥類は羽付きのまま、常温で充分熟成させたい。赤身肉よりも白色肉の熟成感がほしい。

技術指導／荻野伸也（オギノ）

各種ジビエの粗挽きと野菜のレデュクション、グラスを粘りが出るまで練ったファルス。

仔鳩のパテ

Pâté de pigeonneau

修業先の「シェ・イノ」ではペルドリ・グリーズ(ヨーロッパヤマウズラ)でつくっていた料理を、この店では正月のおせち用にハトにアレンジして提供している。小さな骨もフードプロセッサーにかけて、髄の旨みを生かす。

技術指導／岡本英樹(ドゥロアンヌ)

テリーヌ・ジビエ・オールスターズ
Terrine de gibiers ALL STARS

= テリーヌ（250×80×60mm 4本分）

ジビエ正肉＊　1.8kg
それぞれの内臓＋豚レバー　計1.2kg
豚背脂　800g
フォワグラ　400g
マリナード
　塩　20g/kg
　コショウ　5g/kg
　赤ワイン　80cc
卵　4個
レデュクション
　玉ネギ（みじん切り）　1個
　ニンニク（みじん切り）　30g
　パセリ（みじん切り）　30g
　サラダ油　適量
グラス・ド・ジビエ　以下を200cc
　ジビエのガラ　上記分量相当
　香味野菜
　　玉ネギ（1cm角）　1個
　　ニンジン（1cm角）　1本
　　セロリ（1cm角）　1本
　　ニンニク（1cm角）　1株
　サラダ油　適量
　水　2リットル
網脂　適量
ローリエ、ネズの実　各適量

= つけ合せ

コルニション、黒コショウ　各適量

＊シカ、イノシシ、野ウサギ、野ガモ、野バト、山ウズラ、ライチョウなどの肉を使用。種類、割合などはその時々に入手できるものを好みで。

テリーヌ

1　ジビエ正肉、内臓類（野ウサギはレバーのみを使う）、豚背脂、フォワグラを3cm角に切り、マリナードをまぶし、冷蔵庫で二晩おいてマリネする。
2　グラス・ド・ジビエをつくる。ジビエのガラと皮を細かく切って、サラダ油で焼く。1cm角に切った香味野菜を加え、強火で炒める。焼きめがついたら、ザルに上げて脂をきる。
3　2の鍋にジビエのガラと皮と香味野菜を戻す。
4　水を加え、アクを引きながら弱火で3時間加熱する。
5　シノワで漉して煮汁を分ける。漉した煮汁はフォン・ド・ジビエとして利用する。
6　フォン・ド・ジビエを200ccになるまで煮詰めて、グラス・ド・ジビエをつくり、とっておく。
7　ファルスをつくる。まずレデュクションをつくる。みじん切りの玉ネギ、ニンニク、パセリをサラダ油でしんなりするまで炒めて、冷ましておく。野菜を加熱せずに生で入れると、発酵するため、長期熟成させると変色してしまう。
8　マリネした1の肉類と、7のレデュクションを合わせてミンサー（直径8mm）にかけて粗挽きにし、卵、温めて溶かしたグラス・ド・ジビエとともにミキサーにかけて粘りが出るまで混ぜる。
9　テリーヌ型に網脂を広げて敷いて、空気が入らないようにファルスを詰める。網脂を上にかぶせる。ローリエとネズの実をのせ、型全体をラップフィルムできっちり包み、その上からアルミホイルで包む。
10　テリーヌを焼く。130℃（50％ヴァプール）のスチームコンベクションオーブンに入れて、中心温度を67℃に設定して1時間半ほど加熱する。
11　取り出して冷まし、冷蔵庫で2週間おいて熟成させる。

提供

12　テリーヌを厚さ1.5cmに切って、器に盛る。挽きたての黒コショウとコルニションを添える。

仔鳩のパテ
Pâté de pigeonneau

=パテ

ハト　2羽
エシャロット（薄切り）　100g
サラダ油、塩　各適量
コニャック　50cc
赤ポルト酒　80cc
フォン・ド・ヴォライユ（→ P.116）　80cc
ジュ・ド・ヴォライユ（→ P.116）　80cc
バター　100g
フォワグラのテリーヌ　以下を150g
　フォワグラ　1羽分
　マリナード
　　コニャック　適量
　　赤ポルト酒　適量
　　塩　12g/kg

=つけ合せ

ポルトゼリー　以下を適量
　コニャック　100cc
　赤ポルト酒　300cc
　板ゼラチン　48g（12%）
コンソメ（→ P.116）　適量
セルフィーユ　適量
ミニョネット（黒）　適量

パテ

1　バーナーでハトの羽毛を焼き、内臓を取り出す。ハツ、砂肝、レバーを掃除してとりおく。
2　ハトを5枚（骨付きムネ肉、モモ肉を各2枚と背骨）にさばく。
3　塩、コショウをし、ムネ肉、モモ肉はサラダ油をひいた鍋で強火で焼き色をつける。
4　鍋からハトの肉を取り出し、エシャロットを加え、塩をしてしんなりと炒める。エシャロットが透き通ったらハトを戻す。
5　コニャック、赤ポルト酒を加えて煮詰める。フォン・ド・ヴォライユ、ジュ・ド・ヴォライユを加える。
6　ハトの肉に完全に火が入ったら、大きな骨は除き、フードプロセッサーに移す。バターを加えて、フードプロセッサーにかけてピュレにする。
7　フォワグラのテリーヌをつくる。フォワグラを水で割った牛乳（分量外。12〜14℃に冷やしておく）に3時間つける。
8　水分をふきとり、大小の葉に分ける。刃のついていないナイフで切り開きながら、血管を掃除する。
9　重量の12%の塩をふり、コニャック、赤ポルト酒をふりかける。器に入れて、ラップフィルムを空気を入れないようにぴったりとおおい、一晩冷蔵庫でマリネする。
10　切り開いたフォワグラを元の形に戻すようなイメージで形を整え、テリーヌ型に詰める。パレットナイフで押し込んで密着させ、竹串で穴を開けておく。
11　コニャック、赤ポルト酒（ともに分量外）をふり、テリーヌ型ごと真空パックにかけて冷蔵庫で一晩ねかせる。
12　冷蔵庫から取り出して室温に戻し、68℃のスチームコンベクションオーブンで1時間加熱する。
13　氷水にとり、さらに一晩ねかせる。フォワグラのテリーヌのでき上がり。
14　6とフォワグラのテリーヌの裏漉しを3対1の割合で合わせる。器に詰めて冷蔵保存する。

つけ合せ

15　ポルトゼリーをつくる。コニャックと赤ポルト酒を合わせて煮詰め、水で戻したゼラチンを煮溶かして冷やし固める。
16　コンソメゼリーをつくる。コンソメを冷やし固める。濃度が足りなければ適宜ゼラチンで補う。

提供

17　ハトのパテを器からスプーンでクネル形に抜いて盛りつける。
18　15と16を小さめのさいの目に切ってパテに添える。セルフィーユを添え、ミニョネットを散らす。

各種野鳥の正肉、内臓、豚背脂、フォワグラをサイレントカッターで練り上げたファルス。

野鳥のパテ

Pâté de gibiers à plume au sang

野鳥を残さずに使いきってつくるなめらかなパテ。このなめらかさを実現するためには、適切な火入れが大事なポイントとなる。入りすぎるとぼそぼそしてしまうので、半生に。中心温度は他のテリーヌよりも低め。したがって日持ちも短かく1週間以内。

技術指導／荻野伸也（オギノ）

ポロ葱、トリュフ、地鶏ささ身のミ・キュイ　フォワグラのテリーヌ
黒トリュフのヴィネグレットソース

**Terrine de poireaux, truffes, filet de poulet et foie gras
à la vinaigrette de truffe**

全体がトリュフの香りに包まれたテリーヌ。相性のよい素材同士をテリーヌ型に詰めることで、トリュフの香りが全体にまわって、一体感が生まれる。間にはさんだトリュフの黒がテリーヌのデザインをきりっと引き締めている。フォワグラだけでなく鶏ササ身を入れることで軽やかな印象に。

技術指導／原口　広
（レザンファン ギャテ）

野鳥のパテ
Pâté de gibiers à plume au sang

=パテ（250×80×60mm 3本分）

野鳥正肉*1　2kg
その野鳥の内臓*2＋鶏レバー　計800g
豚背脂　300g
フォワグラ　400g
豚血　300cc
生クリーム　150cc
溶かしバター　200g
野鳥のグラス　200cc
　野鳥のガラ　上記分量相当
　香味野菜
　　玉ネギ（1cm角）　1個
　　ニンジン（1cm角）　1本
　　セロリ（1cm角）　1本
　　ニンニク（1cm角）　1株
　水　2リットル
塩　48g
白コショウ　12g
カトルエピス　5g
マデラ酒、コニャック、赤ポルト酒　各50cc

*1 ローストに向かないような小型の野鳥を使用。田シギ、ヒヨドリ、スズメ、キジバトなど。
*2 レバー、ハツ、肺、腸、砂肝。

=つけ合せ（1人前）

コンソメ・ジュレ（→P.117）　適量
ブリオッシュ　1枚
イタリアンパセリ　少量
ミニョネット（黒）、グロセル　各少量

パテ

1　野鳥は羽を抜いてさばく。正肉、内臓、ガラに分ける。腸の汚物をこそげて掃除する。砂肝は開いて中を掃除し、白い薄膜をはずす。ガラは細かく切っておく。
2　野鳥のグラスをつくる。ガラを300℃のオーブンで1時間半ほど焼いて焼き色をつける。香味野菜は角切りにし、フライパンで炒める。ともに鍋に移して水を注いで8時間煮て漉し、フォンをとる。フォンを200ccまで煮詰めてグラスとする。
3　ファルスをつくる。正肉、内臓、豚背脂、フォワグラをサイレントカッター*3にかける。フードプロセッサーを使用する場合は、かけたあと裏漉しにかける。
4　ピュレ状になったら、豚血と生クリームを混ぜてさらにまわす。溶かしバターと野鳥のグラスを入れて、塩、白コショウ、カトルエピス、マデラ酒、コニャック、赤ポルト酒を加えてよく混ぜる。テリーヌ型に流し入れる。型全体をラップフィルムできっちり包み、その上からアルミホイルで包む。
5　パテを焼く。120℃に設定したスチームコンベクションオーブン（50%ヴァプール）で約40分間加熱する。中心温度は47℃に設定。普通のオーブンならば、130℃に熱し、湯煎にして1時間半加熱する。
6　取り出して、粗熱がとれたら、冷蔵庫で3日以上熟成させてから使う。

提供

7　温めたスプーンでパテを丸くくり抜いて盛りつける。上にミニョネットとグロセルを添える。
8　ブリオッシュとコンソメ・ジュレを添え、イタリアンパセリを飾る。

*3 ソーセージづくりなどで肉を細切れにするときに用いる。円盤の刃が回転し、肉を切ると同時に混ぜて練り上げる機械。

ポロ葱、トリュフ、地鶏ささ身のミ・キュイ　フォワグラのテリーヌ
黒トリュフのヴィネグレットソース

Terrine de poireaux, truffes, filet de poulet et foie gras à la vinaigrette de truffe

=テリーヌ（250×80×60mm1本分）

黒トリュフ　200g
鶏ササ身　9本
鴨のフォワグラ　1kg
ポロネギ　3本
ジュ・ド・トリュフ　50cc
塩、コショウ、グラニュー糖　各適量
フォワグラのマリナード
　塩　12g/kg
　コショウ　2.5g/kg
　グラニュー糖　2g
　白ポルト酒、コニャック　各15cc
コンソメ・ド・ブッフ（→P.118）　300cc
板ゼラチン　16.5g

=ソース

ヴィネグレット・ド・トリュフ　以下を適量
A
　黒トリュフ　40g
　ジュ・ド・トリュフ　60g
シェリーヴィネガー　30cc
白ワインヴィネガー　10cc
ピーナッツ油　120cc
E.V.オリーブ油　60cc
黒トリュフオイル　20cc
塩　少量
ジュ・ド・トリュフ　適量

ヴィネグレットソース（→P.72）　少量

=つけ合せ

クリスタルソルト（マルドン産）　適量
ミニョネット（黒）　適量

テリーヌ

1　黒トリュフは厚さ1.5mmの薄切りにし、ジュ・ド・トリュフとともに真空にかけて一晩マリネする。
2　鶏ササ身は掃除をし、グラニュー糖、塩、コショウをまぶして2時間マリネする。
3　鴨のフォワグラは厚さ2cmに切りそろえ、血管を取り除いてマリナードをまぶし、20〜30分間（夏場は20分ほど）常温においてマリネする。
4　ポロネギはテリーヌ型の長さに合わせて切り、水洗いしてタコ糸でしばり、たっぷりの湯で塩ゆでにする。緑色の部分は氷水にとって、冷めたらザルに上げて水気をきる。
5　2の鶏ササ身は余分な水分をふき取り、沸かしたコンソメ・ド・ブッフで30秒間火を入れてバットにとり、冷ます。
6　このコンソメ・ド・ブッフに4のポロネギを入れて煮含める。ポロネギがやわらかくなったら、1の黒トリュフとジュ・ド・トリュフ、氷水で戻した板ゼラチンを加える。一煮立ちさせて常温において粗熱をとる。
7　3のフォワグラはサラマンドルで火を入れ、ペーパータオルにとって、余分な脂をとる。
8　テリーヌ型にアルミホイルを敷く。ポロネギの緑色の部分の水気をふいて、重ならないようにして、端が型からはみ出すように敷き詰める。
9　7のフォワグラ、5の鶏ササ身、6のポロネギと黒トリュフを6のコンソメ液にからめながらモザイク状に詰める。
10　はみ出したポロネギでおおい、アルミホイルできっちり包んで、軽めの重しをして、冷蔵庫で冷し固める。

ソース

11　ヴィネグレット・ド・トリュフをつくる。Aをミキサーにかけてピュレ状にする。鍋に移し、火を入れる。ボウルにあけて冷まし、シェリーヴィネガー、白ワインヴィネガー、塩を入れて撹拌する。
12　各種オイルを加えて撹拌し、塩で味を調え、ジュ・ド・トリュフで濃度を調整して漉す。

提供

13　切り分けたテリーヌを皿に盛り、ポロネギとササ身の上にヴィネグレットソースをぬる。クリスタルソルト、ミニョネットを散らし、セルクルを使ってまわりにヴィネグレット・ド・トリュフを流す。

地鶏とリ・ド・ヴォーのテリーヌ　モリーユ風味
Terrine de volaille et ris de veau aux morilles

脂分の少ない鶏と、火を入れたリ・ド・ヴォーをファルスにしているため、つながりにくい。しっかりミキシングしてなめらかにつなげること。また熟成もおいしさの大切なポイント。できれば3週間ほどねかせたい。

技術指導／荻野伸也（オギノ）

つながりにくい材料を使用しているので、卵、グラス、煮汁を加えてよく練って粘りを出した。

ほろほろ鳥のドディーヌ　グリーンペッパー風味
Dodine de pintade aux poivres verts

1枚に引いた皮で包んでシュミゼしたホロホロ鳥のテリーヌ。味にコクを出すためにレバーを使った。より一層リッチな味にしたい場合は、フォワグラを入れることもある。ホロホロ鳥はさばくときに皮を破らないように注意し、綴じ目が下になるように詰めること。

技術指導／荻野伸也（オギノ）

ファルス。しっかり粘りが出るまで練り上げた。

地鶏とリ・ド・ヴォーのテリーヌ　モリーユ風味
Terrine de volaille et ris de veau aux morilles

=テリーヌ（250×80×60mm 6本分）

豚ノド肉　1kg
地鶏正肉　2kg（1.8kgの鶏4羽）
リ・ド・ヴォーの蒸し煮
　リ・ド・ヴォー　1kg
　小麦粉、バター　各適量
　白ワイン　250cc
　香味野菜
　　玉ネギ（1cm角）　1個
　　ニンジン（1cm角）　1本
　　セロリ（1cm角）　1本
　　ニンニク（1cm角）　1株
　フォン・ド・ヴォー（→P.117）　1リットル
ロースハム　1kg
鶏レバー　300g
マリナード
　塩　20g/kg
　コショウ　5g/kg
　赤ポルト酒　200cc
　コニャック　200cc
モリーユ茸（乾燥）　50g
マデラ酒　150cc
エシャロット（みじん切り）　200g
フォン・ド・ヴォー（→P.117）　500cc
卵　6個
豚背脂（薄切り）　300g

=つけ合せ

ドライトマト
　トマト　適量
　塩、オリーブ油　各適量
黒コショウ、イタリアンパセリ　各少量

テリーヌ

1　リ・ド・ヴォーの蒸し煮を仕込む。リ・ド・ヴォーは掃除をして、水からゆでる。沸いたら取り出して重しをして冷蔵庫で一晩おいて、血抜きをする。
2　水気をふき、小麦粉をまぶして、バターで焼く。香味野菜を加え、強火で炒める。焼きめがついたら、ザルに上げて脂をきる。
3　2の鍋に白ワインを入れてデグラッセして戻す。
4　フォン・ド・ヴォーを加え、蓋をして、200℃のオーブンで40分間加熱して蒸し煮にする。
5　リ・ド・ヴォーを取り出して漉し、野菜と煮汁を分ける。
6　煮汁を100ccになるまで煮詰めて、リ・ド・ヴォーのグラスをつくり、とっておく。
7　モリーユ茸は浸るくらいの水につけて戻す。戻し汁を漉して、モリーユ茸を水洗いする。戻し汁の上ずみを鍋に移して（下に砂などが沈んでいるので注意）モリーユ茸を戻す。火にかけて水分がなくなるまで煮詰める。
8　ここにマデラ酒、みじん切りのエシャロット、フォン・ド・ヴォーを入れて半分になるまで煮詰める。汁ごと常温で冷ます。
9　ロースハムは強火で両面にこげめがつくくらい焼いて冷ます。
10　豚ノド肉、地鶏正肉、リ・ド・ヴォーの蒸し煮、ロースハム、鶏レバーを3cm角に切る。
11　肉類にマリナードをまぶして、冷蔵庫で一晩マリネする。すべてをミンサー（直径8mm）にかけて粗挽きにし、卵、8の煮汁とモリーユ茸、6のグラスを加えて、つながるまでよく混ぜる。
12　豚背脂をテリーヌ型に敷き詰め、11のミンチを中の空気が抜けるよう叩きつけながら詰める。豚背脂を上にかぶせる。型全体をラップフィルムできっちり包み、その上からアルミホイルで包む。
13　130℃（50％ヴァプール）のスチームコンベクションオーブンで、中心温度を67℃に設定して1時間半ほど加熱する。
14　取り出して冷まし、冷蔵庫で保存する。3日目から食べられるが、できれば3週間ねかせて熟成させる。テリーヌ型から抜かずに保存すること。抜くと色が変わってしまう。抜いた場合は、真空パックにかけて保存する。

つけ合せ

15　ドライトマトをつくる。トマトをくし形切りにし、塩とオリーブ油をかけて、80℃のウォーマー（食器などを温める器械）の中に一晩おく。

提供

16　テリーヌを厚さ1.5cmに切って盛りつけ、黒コショウをふる。ドライトマトを盛り合わせて、イタリアンパセリを添える。

ほろほろ鳥のドディーヌ グリーンペッパー風味
Dodine de pintade aux poivres verts

= テリーヌ（250×80×60mm1本分）

ホロホロ鳥正肉　700g（1 2kg前後のもの1羽）
ホロホロ鳥の砂肝、レバー、ハツ＋鶏レバー　計300g
豚背脂　150g
A
  塩　24g
  白コショウ　5g
  ナツメグ　2g
レデュクション
  エシャロット（みじん切り）　1個
  ニンニク（みじん切り）　1片
  サラダ油　適量
  白ワイン　100cc
  牛乳　100cc
グリーンペッパー　大さじ1
卵　1個
グラス・ド・ヴォライユ　50cc
  ホロホロ鳥のガラ　1羽分
  鶏ガラ　2kg
  つめ鶏　2kg
  香味野菜
    玉ネギ（1cm角）　1個
    セロリ（1cm角）　1本
    ニンニク（1cm角）　1株
    ダイコンやカブの皮など　適量
  水　5リットル

= つけ合せ

野菜のグレック　以下を適量
  野菜＊　各適量
  A
    タカノツメ　1本
    ニンニク　1片
    オリーブ油　50cc
  B
    白ワインヴィネガー　400cc
    砂糖　400g
    水　1リットル
    コリアンダー（ホール）　50g
白コショウ　適量

＊ミョウガ、カリフラワー、ニンジン、パプリカ、キュウリ、セロリ、ヤングコーン、ズッキーニなどを食べやすい大きさに切りそろえる。

テリーヌ

1 ホロホロ鳥は背中から包丁を入れて、1枚に開く。開いたら、皮を破らないようにガラと肉をはずして、皮を四角形に整える。

2 ホロホロ鳥正肉、砂肝、レバー、ハツ、鶏レバー、豚背脂を3cm角に切る。バットに皮を広げ、その上に肉類をのせて、**A** をまぶして冷蔵庫で一晩ねかせる。

3 グラス・ド・ヴォライユをつくる。ホロホロ鳥のガラ、鶏ガラ、つめ鶏を適宜に切り分け、1cm角に切った香味野菜とともに水から8時間煮る。これを漉してフォン・ド・ヴォライユをとり、50ccまで煮詰める。

4 レデュクションをつくる。みじん切りにしたエシャロットとニンニクをサラダ油で炒め、しんなりしたら白ワインを入れて水分がなくなるまで煮詰める。ここに牛乳を入れて再び水分がなくなるまで煮詰めて冷ましてレデュクションとする。

5 **2**の肉とレデュクションを合わせてミンサー（直径8mm）で粗挽きにする。グリーンペッパー、卵、グラス・ド・ヴォライユを加えてよく練ってファルスとする。

6 水でぬらしたラップフィルムに**2**の皮をのばして、ファルスをのせる。皮でファルスを筒状にまとめて、皮の綴じ目が底にくるようテリーヌ型に詰めて、ラップフィルムをはずす。ラップフィルムはぬらしておくと、簡単にはずすことができる。型全体をラップフィルムできっちり包み、その上からアルミホイルで包む。

7 テリーヌを焼く。130℃（50％ヴァプール）のスチームコンベクションオーブンに入れて、中心温度を67℃に設定して1時間半ほど加熱する。

8 取り出して冷まし、冷蔵庫で2週間おいて熟成させる。

つけ合せ

9 野菜のグレックをつくる。**A**を弱火にかけてゆっくり香りを出す。

10 **B**を注ぎ入れ、沸いたら漉す。

11 温かいうちに、切り分けた野菜を入れて、そのまま一晩おく。

提供

12 テリーヌを1.5cm厚さに切って盛りつけ、挽きたての白コショウをふり、野菜のグレックを添える。

青首鴨のパテ・ショーソース・ルアネーズ
Tourte de col-vert sauce rouennaise

フイユタージュ生地で包んで焼き上げた温かいパテ。焼き上がったら温かいところでしばらく休ませて肉汁をおちつかせること。表面はこうばしく焼き色をつけ、中はしっとりロゼに仕上げる。

技術指導／荻野伸也（オギノ）

温かいうちに切り分けて、レバーでつないだこくのあるルアネーズソースを添えて。

ファルス。青首鴨は細挽きにしてなめらかに練り上げた。

ミュラール種鴨コンフィとジャガイモの
サルラデーズのほの温かなテリーヌ
クレソンとインゲン、リンゴ、トリュフのサラダ添え

**Terrine de confit de canard aux
pommes de terre à la sarladaise**

鴨とジャガイモという相性のよい組み合わせ。メイン料理にしてもいいくらいのボリュームが魅力。提供時はジャガイモが温まるように充分加熱する。ジャガイモもコンフィもきっちり火が入っているので、1週間ほど日持ちする。

技術指導／原口　広（レザンファン ギャテ）

鸭

ミュラール種鴨コンフィとジャガイモのサルラデーズのほの温かなテリーヌ
クレソンとインゲン、リンゴ、トリュフのサラダ添え
Terrine de confit de canard aux pommes de terre à la sarladaise

= テリーヌ（295×80×60mm1本分）

鴨モモ肉のコンフィ　以下を**1.6kg**
　鴨モモ肉（ミュラール種）　**2.5kg**
　A
　│　グロセル　**25g**
　│　塩　**22.5g**（グロセルと塩合計で**19g/kg**）
　│　白粒コショウ（砕く）　**2g/kg（5g）**
　│　グラニュー糖　**3.8g**
　タイム　**3枝**
　ローリエ　**2枚**
　鴨の脂　適量
ジャガイモ（メークインLサイズ）　**6個**
ニンニク　**4片**
塩、コショウ　各少量
黒トリュフオイル　少量
ベーコン（スライス）　**250g**

= つけ合せ（1人前）

サラダ
　クレソン　**2枝**
　サヤインゲン（ゆでる）　**1本**
　リンゴ（棒切り）　少量
　アンディーブ（斜め切り）　少量
　シャンピニオン（薄切り）　**1/2個**
　エシャロット（みじん切り）　少量
　ヴィネグレットソース　以下を適量
　│　シェリーヴィネガー　**30cc**
　│　白ワインヴィネガー　**30cc**
　│　ディジョンマスタード　**4g**
　│　塩　**4g**
　│　白コショウ　少量
　│　ピュアオリーブ油　**120cc**
　│　ピーナッツ油　**120cc**
黒トリュフ　少量
フォワグラの脂　少量
ピマン・デスプレット　少量

テリーヌ

1　鴨モモ肉のコンフィを仕込む。鴨モモ肉は、残っている羽を抜き、ニンニク（分量外）をよくすり込む。**A**の材料を合わせてモモ肉に1本ずつていねいにすり込む。タイムとローリエを散らして、12時間冷蔵庫におく。

2　流水で洗って水気をふき取る。鍋に皮を下に向けて並べて、肉がかぶる程度の鴨の脂を注ぎ、90℃を保って約6時間煮る。やわらかくなったらそのまま常温で冷ます。鴨のコンフィの完成。

3　テリーヌをつくる。鴨のコンフィを脂から取り出し、骨を取り除いて皮と肉に分ける。フライパンを熱し、弱火で皮とニンニクをじっくり焼いて脂を出す。ニンニクはこがさないように注意する。出た脂はとっておく。

4　たっぷりの水にグロセル（分量外）を加え、ジャガイモを皮付きのまま入れてゆでる。火が通ったらザルに上げて、熱いうちに皮をむく。粗熱がとれたら厚さ2cmに切りそろえる。塩、コショウをふる。

5　3でとっておいた脂をフライパンにひいて、ジャガイモをソテーする。

6　テリーヌ型にアルミホイルを敷いて、ベーコンを型からはみ出すように薄く敷き詰める（上まで包めるような向きに敷く）。ほぐした鴨の肉を平らに詰め、上に黒トリュフオイルをぬったジャガイモをすき間のないように詰める。途中、あいだに**3**の皮を散らしながら交互に詰めていく。

7　ベーコンをかぶせ、アルミホイルで包み、280℃に熱したオーブンで3分間焼く。取り出して1kgの重しをのせて、常温で冷ます。

つけ合せ

8　ヴィネグレットソースをつくる。材料をすべて合わせてよく撹拌する。野菜を合わせて、ヴィネグレットソースで和えて、サラダをつくる。

提供

9　テリーヌを切り分けて、アルミホイルで巻いて高温のオーブンで温め、取り出してオーブンの上でねかせる。表面にフォワグラの脂をぬる。

10　アルミホイルをはずして器に盛り、**8**のサラダを盛り合わせる。**3**の皮とスライスした黒トリュフを添える。

11　フォワグラの脂を流し、ピマン・デスプレットをふる。

青首鴨のパテ・ショー　ソース・ルアネーズ
Tourte de col-vert sauce rouennaise

= パテ（直径15cm1個分）

ガルニチュール
 鴨のフォワグラ（薄切り）　30g×4枚

ファルス
 青首鴨正肉　400g（毛付きで約900g〜1kgを1羽）
 青首鴨のレバー、砂肝、ハツ、肺＋鶏レバー　計200g
 豚背脂　100g
 マリナード
  塩　8g
  黒コショウ　2g
  アルマニャック、赤ポルト酒、赤ワイン　各適量
  パセリ（みじん切り）　大さじ1
  エシャロット（みじん切り）　大さじ1
  ニンニク（みじん切り）　1片

フイユタージュ生地（直径15cm）　2枚

溶き卵　適量

= ソース

ルアネーズソース
 青首鴨のガラ　1羽分
 サラダ油　適量
 フォン・ド・ジビエ（→P.60⑤）　400cc
 グラニュー糖　大さじ1
 シェリーヴィネガー　大さじ1
 赤ワイン　300cc
 生クリーム　30cc
 鶏レバーのピュレ*　40g
 コニャック　大さじ1
 バター　20g
 塩、コショウ　各適量

* 生の鶏レバーをミキサーにかけたもの。

パテ

1. ファルスをつくる。青首鴨は羽付きのまま常温に3週間ほどおいて熟成させておく。尻のまわりが紫色になるくらいが適切な熟成の目安。
2. 羽をむしり取ってさばく。砂肝は開いて薄膜をそぎ取る。
3. 青首鴨正肉、内臓、鶏レバー、豚背脂を2cm角に切って合わせ、マリナードをまぶして一晩冷蔵庫でマリネする。
4. すべてミンサー（直径2〜3mm）にかけて細挽きにし、よく練ってファルスとする。
5. フイユタージュ生地をラップフィルムではさみ、麺棒で3mm厚さに延ばし、直径15cmに丸く抜く。
6. 生地のまわりに糊しろを残し、中央にファルスをこんもりとおいて、その上にフォワグラの薄切りを四角形の4辺をつくるようにおく。どこを切ってもフォワグラが入るように考えておく。
7. もう1枚の生地を重ね、空気が入らないようにファルスのまわりを指でしっかりと押さえて2枚の生地をくっつける。
8. ナイフの背で縁に細かく浅い切り込みを入れる。表面にナイフで浅く放射状にスジ模様を入れる。
9. 中央に煙突を立てる（→P.45⑩）。溶き卵をぬる。
10. 250℃のオーブンで15分間焼き、しっかり生地に焼き色をつける。温度を180℃に下げて、10分間焼いたのち、オーブンの上など温かいところに10分間おいて休ませる。

ソース

11. ルアネーズソースをつくる。青首鴨のガラを小さく切って、サラダ油で充分炒める。しっかり色づいたら油をきって、鍋に赤ワイン200ccを注いで、デグラッセする。
12. ここにフォン・ド・ジビエを注いで火にかけ、半分の量になるまで煮詰める。煮詰めるための所要時間は約20分間。
13. 目の細かいシノワで漉す。
14. 新しい鍋にグラニュー糖、シェリーヴィネガーを入れて火にかけてキャラメリゼさせる。赤ワイン100ccを注いで、ぎりぎりまで煮詰めたら、*13*を加えて煮詰める。
15. 150cc程度まで煮詰めたら、生クリームを加える。火を止めて鶏レバーのピュレとコニャックを入れて、バターを加えてモンテする。塩、コショウで味を調える。

提供

16. 温かいうちにパテを切り分けて盛りつける。ルアネーズソースを添える。

パイをかぶせた鴨のコンフィ入り
ロスティ
**Rösti recouvert de pâte,
confit de canard**

細切りのジャガイモをかりっと焼き固めたロスティを土台に、ポロネギのア・ラ・クレームと鴨のコンフィでつくったファルスをのせ、パイ生地をかぶせて焼く。焼くさいに蒸気抜きに生地の中央に穴を開けるが、そこにも赤ワインソースを流してアクセントとする。

技術指導／北岡尚信（プティポワン）

フォワグラとマンゴのテリーヌ
Terrine de foie gras et mangues

マンゴの酵素でフルーティなやや甘い香りはするが、しっかりフォワグラの味がするテリーヌ。マンゴを組み合わせることで、どっしりと重厚な食感のフォワグラが軽やかな印象に。

技術指導／中村保晴
(オー グー ドゥ ジュール)

バターと砂糖で焼いたマンゴ。フォワグラと交互に詰める。

パイをかぶせた鴨のコンフィ入りロスティ
Rösti recouvert de pâte, confit de canard

= ロスティ（直径10cm1個分）

ファルス
  鴨のコンフィ*（ほぐし身）　20g
  ポロネギ　1本
  バター　40g
  白ワイン　60cc
  塩、コショウ　各適量
  生クリーム　60cc
  ジャガイモ（大）　1個
  豚背脂　100g
  ニンニク　1/2株
  ベーコン　50g

フイユタージュ生地（直径14cmと直径10cm）　各1枚

卵黄　適量

= ソース

赤ワインソース　以下を適量
  エシャロット（みじん切り）　300g
  赤ワイン（メルロー）　1.5リットル
  赤ワイン（カベルネ・ソーヴィニョン）　1.5リットル
  フォン・ド・ヴォー（→P.116）　1.5リットル
  ハチミツ　600〜800cc
  赤ワインヴィネガー　300cc
  塩　適量
  黒コショウ　適量

= つけ合せ（1人前）

アンディーブのムニエル
  アンディーブ　1.5個
  塩、砂糖　各適量
  レモン　適量
  バター　適量

* 合鴨モモ肉にグロセルと刻んだニンニクと黒コショウをまぶし、冷蔵庫で2〜3日おく。鴨の脂の中に入れて火にかけ、80〜85℃を保って6時間煮る。

ロスティ

1. 鴨のコンフィをかりっと焼き、ほぐし身にする。
2. ポロネギをせん切りにし、バターでしんなり炒めたあと、白ワインで蒸し煮にする。塩、コショウで味を調え、生クリームで濃度をつける。
3. それぞれ7mm角に切った豚背脂、ベーコン、ニンニクをフライパンでかりっと焼き、にじみ出た脂を漉す。
4. この脂でアリュメット（マッチ棒大）に切ったジャガイモをしんなりと炒め、先の豚背脂、ベーコン、ニンニクを戻し入れ、セルクルに詰めて両面をかりっと焼く。
5. フイユタージュ生地を薄く延ばし、直径10cmと14cmの大小2枚を丸く抜く。小の生地の上にまず4をのせ、続いて2のポロネギと1の鴨のコンフィをのせる。上から大の生地をのせて包み、飾りの切り込みを入れて中央に筒状に丸めたアルミホイルを刺して蒸気抜きの穴とする。表面に卵黄をぬる。220℃のオーブンで12分間焼く。

ソース

6. 赤ワインソースをつくる。エシャロットをソテーし、2種類の赤ワインを加え、1/2量になるまで煮詰める。
7. フォン・ド・ヴォーを500ccまで煮詰めたグラス・ド・ヴィヤンドを加える。シノワで漉す。
8. ハチミツ、赤ワインヴィネガー、塩、粗挽きの黒コショウを加えて味を調え、シノワで漉す。

つけ合せ

9. アンディーブのムニエルをつくる。アンディーブの芯を塩、レモンとともにブランシールする。縦半分に切って、水気をふき取る。断面に塩、砂糖をふる。
10. バターを溶かしたフライパンに断面を下にして入れ、きれいな焼きめをつける。

提供

11. 器にロスティを盛り、アンディーブのムニエルをつけ合せ、赤ワインソースを皿の上に流す。パイの上の蒸気抜きのくぼみにも赤ワインソースを流す。

フォワグラとマンゴのテリーヌ
Terrine de foie gras et mangues

= テリーヌ（250×100×80mm1本分）
*いずれも下処理後の分量

鴨のフォワグラ　1.5kg
マリナード
　塩　適量
　コショウ　適量
　コニャック　30cc
　白ポルト酒　30cc
ペリカンマンゴ（フィリピン産）　10個
バター　65g
グラニュー糖　65g
レモン汁　少量
バニラビーンズ　1本

= つけ合せ（1人前）

ジャガイモ　1個
トリュフカ*　適量
シブレット、ミニョネット（黒）　各少量

*トリュフとジャガイモデンプンが主原料の加工品。トリュフの香りと大粒のキャビアのような色艶が特徴。（スペイン原産／ラ・マンガ・コーポレーション TEL.03-3432-6189）。

テリーヌ

1. フォワグラは指で割くように開き、血管やスジなどを取り除く。
2. バットに移し、マリナードの塩、コショウ、コニャック、白ポルト酒をまぶし、ラップフィルムでおおって、一晩冷蔵庫でマリネする。
3. 取り出してバットごと湯煎状態にして、150℃のスチームコンベクションオーブンのオーブンモードで15分間火を入れる。脂が多いようなら、細かい網にのせ、脂をきる。
4. マンゴは1/4に切り、皮をむき、種を取り除く。
5. バター、グラニュー糖、レモン汁、バニラビーンズを鍋に入れ、一度温めて煮溶かす。
6. 5をバットに注ぎ、4のマンゴを並べ、180℃のスチームコンベクションオーブンのオーブンモードで30分間ほど火を入れる。
7. テリーヌ型を用意し、端がはみ出すくらい大きめにラップフィルムを敷く。フォワグラとマンゴを交互に詰める。
8. ラップフィルムでテリーヌをきっちり包み、適当な重し（内寸板＋砥石）をのせ、冷蔵庫で6時間ほど冷やし固める。

つけ合せ

9. ジャガイモをアルミホイルで包み、250℃のオーブンで30分間焼く。輪切りにして丸型で抜く。

提供

10. テリーヌを厚さ1.5cmくらいに切り、ラップフィルムをはずして器に盛る。
11. ジャガイモにトリュフカをのせて、みじん切りのシブレットを少量添える。ミニョネットをふる。

フォワグラ

炭火焼した
フォアグラのテリーヌ
**Terrine de foie
gras grillé**

定番料理のフォワグラのテリーヌにさらに一工夫加え、グリルしたフォワグラを型に詰めたスペシャリテ。層状になった断面が美しい。創業以来の人気メニューで、テイクアウト用としても提供している。断面にカソナードをふって焼きごてでキャラメリゼして提供してもおもしろい。

技術指導／北岡尚信（プティポワン）

フォアグラとプラムのテリーヌ　バニュルス風味
Presse de foie gras et pruneaux au banyuls

なめらかなフォワグラと甘みのあるプラムの黄金の組み合わせ。両者の割合が味の決め手になる。どこを切ってもプラムとフォワグラが同じ割合になるよう、詰め方に注意する。またソテーすると塩が流れるので、フォワグラには強めに塩味をつけることが大事。

技術指導／荻野伸也（オギノ）

フォアグラとプラムのテリーヌ　バニュルス風味
Presse de foie gras et pruneaux au banyuls

=テリーヌ（250×80×60mm 1本分）

　鴨のフォワグラ（600gのもの）　2羽分
　塩、白コショウ、小麦粉　各適量
　ドライプルーン　150g
　バニュルス酒　200cc

=つけ合せ

サヤインゲンのサラダ
　サヤインゲン　50g
　エシャロット（みじん切り）　小さじ1
　塩、白コショウ　各適量
　ディジョンマスタード　大さじ1
　オリーブ油　少量
アルガンオイル　適量

テリーヌ

1　フォワグラを厚さ2cmほどに切る。強めに塩、白コショウをふって、小麦粉をまぶして、フライパンで表面を焼く。中は生のままでよい。
2　色づいたらバットに取り出し、180℃のオーブンで2分間焼く。取り出したらすぐに冷凍庫に入れて冷ます。
3　ドライプルーンはバニュルス酒でふっくらと煮戻す。水分をしっかりと煮詰める。
4　テリーヌ型にまずフォワグラを一段詰め、適当な間隔をあけてバランスよくプルーンを詰めていく。プルーンは間をあけないように一列つなげて詰める。こうすると、金太郎飴のように、どこで切っても同じような面が出てくる。フォワグラとプルーンを交互に重ねて詰めていく。
5　テリーヌ型1台分程度の重しを上にのせて、一晩冷蔵庫にねかせる。

つけ合せ

6　サヤインゲンのサラダをつくる。サヤインゲンは塩ゆでし、3cmほどの長さに切る。エシャロット、塩、白コショウ、ディジョンマスタード、オリーブ油で和える。

提供

7　フォワグラから出た脂を取り除き、テリーヌを切り分けて盛りつける。つややかに見えるように断面にアルガンオイルをぬる。
8　サヤインゲンのサラダを添える。

炭火焼したフォアグラのテリーヌ
Terrine de foie gras grillé

=テリーヌ（290×80×75mm1本分）

鴨のフォワグラ　2kg
ソーテルヌワイン　1リットル
塩　20g
砂糖　15g
ミニョネット（黒）　6g
ナツメグ　1g

=つけ合せ

イチジクのフォンダン　以下を**適量**
　イチジク　100g
　セミドライイチジク　500g
　ドライイチジクのソーテルヌ漬け*　300g
　アプリコットのシロップ煮　500g
セロリの葉

*　ボーメ23度のシロップ500ccにソーテルヌワイン750cc、レモンの輪切り1個分、バニラビーンズ2本、シナモンスティック2本、クローブ3本を加えて煮出し、冷めたのちに、さらにソーテルヌワイン500ccを加えてつくったマリナードの中にドライイチジク（イラン産）を漬け込み、30日以上おいて使用する。

テリーヌ

1. ソーテルヌワインは香りをとばさないように気をつけながらゆっくりと200cc（1/5量）になるまで煮詰める。
2. 分量の塩、砂糖、ミニョネット、ナツメグをよく混ぜ合わせておく。
3. フォワグラは縦に厚さ1.5cmに切り分ける。
4. グリル板を熱し、手早くフォワグラの表面に焼き色をつける。網の上に取り上げ、脂をきっておく。
5. グリルしたフォワグラ全体に*2*の香味塩を全量ふりかける。
6. 煮詰めたソーテルヌワインにフォワグラをくぐらせ、テリーヌ型にすき間なく詰め込む。
7. そのまま3時間冷蔵庫に入れ、味をなじませる。
8. スチームコンベクションオーブンを68℃のコンビスチームに設定し、その中にテリーヌを入れ、蓋をして20分間、さらに蓋をはずして5～10分間加熱する。
9. 焼き上がったテリーヌの内径に合わせた内蓋をのせ、2ポンドの重しと蓋をのせ、冷蔵庫で締める。
10. 表面に脂肪が浮いて固まったら、その脂肪を集めて溶かし、テリーヌの上に流し込んで密閉する。

つけ合せ

11. イチジクのフォンダンをつくる。フレッシュのイチジク、セミドライイチジク、ドライイチジクのソーテルヌ漬けとそのマリナード、アプリコットのシロップ煮を合わせてゆっくり煮る。煮詰めすぎたら水を加えて調整する。

提供

12. テリーヌを型から取り出し、切り分ける。器に盛りつけ、イチジクのフォンダンを添えて、セロリの葉を飾る。

福岡県筑紫郡から届いた無農薬野菜をプレスしたテリーヌ
サフランのムースリーヌソース
Légumes pressés un moment en terrine

旬の野菜をたっぷり使ったプレステリーヌ。野菜には塩だけを使って、それぞれの味を凝縮させた。イメージは野菜の浅漬け。イモなどのデンプン質の野菜は水分が抜けてパサつくので使用しない。野菜のジュでつくったムースリーヌを添えて。

技術指導／原口　広
（レザンファン ギャテ）

ポワローのテリーヌ

Terrine de poireaux à la vinaigrette de truffes, mousseline de foie de volaille

フランスではなじみ深い、ゆでたポロネギのおいしさを表現した料理。ポロネギのみをテリーヌ型で押し固めて凝縮させ、ヴィネグレットのソースとアクセントのレバームースを添える。3種類の味が一つでも欠けてはうまくいかない、店のスペシャリテの一つ。

技術指導／岡本英樹
（ドゥロアンヌ）

福岡県筑紫郡から届いた無農薬野菜をプレスしたテリーヌ　サフランのムースリーヌソース
Légumes pressés un moment en terrine

=テリーヌ（295×80×60mm1本分）

キャベツ　2/3個
ニンジン、金時ニンジン　各1/2本
ポロネギ　1本
セロリ　1本
ダイコン　1/6本
コマツナ　1束
シイタケ　10枚
オクラ、ヤングコーン　各8本
赤・黄パプリカ　各2個
サヤインゲン　16〜17本
キヌサヤ　25枚
ブロッコリー　1株
カリフラワー　1/2株
ゴボウ　1本
ナス　2本
ズッキーニ　1本
グリーン・ホワイトアスパラガス　各3本
菜ノ花　8本
塩　38g

=ソース

サフランのムースリーヌソース（約30人分）
　エシャロット（薄切り）　30g
　サフラン　1g
　ホタテ貝のヒモ　80g
　白ワイン　100cc
　テリーヌから出た野菜のジュ　300cc
　卵黄　4個
　ディジョンマスタード　20g
　白ワインヴィネガー　20cc
　サラダ油　750cc
　ヴェルモット酒　少量
　塩　少量

ヴィネグレットソース（→P.72）　適量

テリーヌ

1　野菜の下調理をする。キャベツは葉をはがして芯を取り除く。ニンジンと金時ニンジンは皮をむいて縦半分に切り、中心の色が薄い部分を切り落とす。ポロネギは泥を落として、型の長さに合わせて切り、タコ糸でしばっておく。シイタケは軸を切り落とす。カリフラワーとブロッコリーは、それぞれ適当な房に分ける。サヤインゲンとキヌサヤはスジをむく。アスパラガスは皮をむいておく。パプリカはバーナーで皮をこがし、冷水につけて皮をむく。ズッキーニは縦1/4に切り、種の部分を切り落とす。ダイコンは皮をむいて、縦1/8に切る。ナスは縦半分に切る。ゴボウは皮をこそげ落とし、水につけておく。

2　野菜を下ゆでする。たっぷりの湯に約5％の塩を加え、それぞれ歯応えが残るくらいのかたさにゆでる。ポロネギ、ゴボウはしっかり火を通す。ゆで上がった野菜はすぐに氷水にとって、色止めをする。冷めたらザルに上げて水気をきる。

3　テリーヌ型にラップフィルムを敷き、キャベツを型からはみ出すように薄く敷き詰める。それぞれの野菜に塩をふりながら、きれいなモザイク状になるように詰める。型に入りきらないほどの量なので、ラップフィルムで包んでくずれないようにして冷蔵庫で半日休ませて塩をなじませる。

4　テリーヌ用のプレス器（→p.3右段右下写真）で6時間プレスして圧縮して水分を抜く。途中で形がくずれてくるので、何度か整形しながら仕上げる。野菜から出たジュはとっておく。

ソース

5　サフランのムースリーヌソースをつくる。エシャロット、ホタテ貝のヒモ、白ワインを入れて火にかけて沸騰させアクをひく。アルコールをとばし、サフランと野菜のジュを加え、沸騰したらアクをひいて半量まで煮詰める。ペーパータオルで漉して冷ます。

6　卵黄、ディジョンマスタード、白ワインヴィネガーを入れてホイッパーで撹拌する。サラダ油を少量ずつ加えて混ぜ、マヨネーズをつくる。ここに5を少しずつ加え、濃度と味を調える。ヴェルモット酒で風味をつける。足りなければ塩を加える。

提供

7　切り分けたテリーヌを皿に盛り、断面にビネグレットソースをぬる。サフランのムースリーヌソースを添える。

ポワローのテリーヌ

Terrine de poireaux à la vinaigrette de truffes, mousseline de foie de volaille

= テリーヌ（260×80×80mm1本分）

ポロネギ　2kg
グロセル　適量

= ソース

トリュフのヴィネグレット
　トリュフ　90g
　シェリーヴィネガー　40cc
　バルサミコ酢　10cc
　赤ワインヴィネガー　40cc
　サラダ油　適量
　塩、コショウ　各適量

= つけ合せ

レバームース　以下を適量
　地鶏のレバー　360g
　マリナード
　　エシャロット（薄切り）　1/2個
　　ニンニク　1/2片
　　コニャック　5cc
　　赤ポルト酒　5cc
　　塩、コショウ　各適量
　卵　2個
　生クリーム（ムース生地用）　200g
　生クリーム（泡立て用）　約80g
フルール・ド・セル　適量
セルフィーユ　適量

テリーヌ

1　ポロネギをテリーヌ型の長さに切り分ける。葉の間の土を洗いやすいように、葉の青い部分に十字に切り込みを入れる。
2　水を張ったボウルにつけて切り込み部分を洗う。
3　同じ太さのものを2〜3本ずつ束ね、タコ糸で巻く。
4　大鍋に湯を沸かしてたっぷりのグロセルを加え、太いほうから順に入れて15〜20分間ゆでる。
5　氷水にとって色止めし、粗熱がとれたらバットに取り出す。
6　ラップフィルムを2枚敷いたテリーヌ型にポロネギを詰めていく。1層ごとに互い違いに重ねていく。
7　発泡スチロールでつくった蓋をし、バットをのせて約2kgの重しをのせる。約2時間半プレスする。
8　型から取り出してアルミホイルで包み直す。

ソース

9　トリュフのヴィネグレットをつくる。シェリーヴィネガー、バルサミコ酢、赤ワインヴィネガーを合わせる。
10　サラダ油以外の材料をミキサーにかける。サラダ油を少しずつ加えながらさらにまわして仕上げる。

つけ合せ

11　レバームースをつくる。鶏のレバーにマリナードをまぶして一晩マリネする。
12　レバーをマリナードごとフードプロセッサーにかけてピュレにする。卵、生クリームを加えてさらにまわす。
13　シノワで漉してバットに流す。80℃のスチームコンベクションオーブンで、7分間加熱する。
14　泡立てた生クリームを加え混ぜてムースとする。

提供

15　皿にトリュフのヴィネグレットを流し、ポワローのテリーヌをアルミホイルごと切り分けて盛ってホイルをはずす。フルール・ド・セルをのせる。
16　レバームースをクネル形にくり抜いて添え、セルフィーユを飾る。

キュウリのゼリー液。キュウリのジュに溶かした板ゼラチンを加える。

キューリのテリーヌ
Terrine de concombre

切った断面に丸いキュウリがバランスよく並ぶように、ゼリー液を3回に分けて冷やし固める作業をくり返す。時間がたつとキュウリのえぐみが出るので、全工程2時間くらいで仕上げる。

技術指導／中村保晴（オー グー ドゥ ジュール）

トマトのジュレで寄せた野菜のテリーヌ
Terrine de légumes à la tomate

夏のすがすがしさを出したくて、トマト風味のゼリーで野菜を寄せた。野菜を詰める順序は押し固めてつくるタイプの野菜のテリーヌほど気をつかわないでよい。なおガルニチュールのカリフラワーや新ゴボウはカレー風味にしたり、煮込んだりしてアクセントをつけ、P.28の野菜のテリーヌと違いをだしてみた。

技術指導／岡本英樹（ドゥロアンヌ）

トマトのゼリー液。トマトの色素を漉して除いた透明なジュに、溶かした板ゼラチンを加える。

野菜・ゼリー寄せ | 87

トマトのジュレで寄せた野菜のテリーヌ
Terrine de légumes à la tomate

= テリーヌ（360×55mm トヨ型1本分）

ガルニチュール
　ホワイトアスパラガス　4本
　グリーンアスパラガス　4本
　カリフラワー　1株
　ブロッコリー　1株
　サヤインゲン　100g
　ニンジン（大）　1本
　ポロネギの芯　2本
　新ゴボウ　2本
　塩、オリーブ油　各適量
　カレー粉　少量
　フォン・ド・ヴォライユ（→P.116）　100cc
　ズッキーニ　3g

トマトのゼリー液
　トマト　10個
　塩　適量
　板ゼラチン　液体の20％量

= ソース

トマトソース（→P.36）　適量

= つけ合せ

グリーンサラダ（解説省略）　適量

テリーヌ

1　トマトのゼリー液をつくる。トマトは皮付きのままざく切りにし、ミキサーにかける。
2　布を敷いたザルの上にピュレ状になった**1**のトマトを入れ、布で包む。上から軽く重しをする（500gほど。重すぎると布からトマトが飛び出してしまう）。器の上にこのザルをのせて一晩おくと、布漉しされたトマトのピュレからしたたり落ちて、透明な汁がたまる。
3　この汁に塩で味をつけ、ふやかした板ゼラチンを加えて煮溶かしておく。
4　ガルニチュールを用意する。ホワイトアスパラとグリーンアスパラを蒸す。
5　小房に分けたブロッコリー、サヤインゲンは塩ゆでする。
6　ニンジン、ポロネギの芯を、それぞれ塩、オリーブ油とともに真空パック用の袋に入れて真空にかける。75℃のスチームコンベクションオーブンで20分間加熱する。
7　小房に分けたカリフラワーをフライパンに入れ、オリーブ油、少量のカレー粉をふり、200℃のオーブンで10分間ローストする。
8　新ゴボウをオリーブ油で炒める。フォン・ド・ヴォライユを加え、落し蓋をして、200℃のオーブンで10分間蒸し煮する。
9　**4**～**8**の野菜の下処理が終わったら、完全に冷めるのを待ち、型に詰める作業にかかる。
10　トヨ型にラップフィルムを敷き、薄くスライスして塩ゆでしたズッキーニを貼りつける。ラップフィルムもズッキーニも長めに切って、トヨ型の外まで垂れ下がるようにしておく。
11　トマトのゼリー液を氷水にあてて、ほどよい濃度に調整する。**4**～**8**の野菜とゼリー液を交互に流して詰めていく。
12　型の外に垂らしたズッキーニとラップフィルムで蓋をする。発泡スチロール製の板をのせて、1kgの重しをのせ、冷蔵庫で冷やし固める。

提供

13　テリーヌを取り出して切り分け、グリーンサラダを添える。トマトソースを流す。

キューリのテリーヌ
Terrine de concombre

= テリーヌ（250×80×60mm1本）
* いずれも下処理後の分量
ガルニチュール
　キュウリ（薄切り）　4本分
　キュウリ（塩ゆで）　3本
　ショウガ　60g
　塩　適量

キュウリのゼリー液
　キュウリ（種を取り除く）　1.5kg
　塩　14g
　板ゼラチン　40g

= つけ合せ（1人前）
貝のドレッシング和え
　ホッキ貝　1個
　ツブ貝　1/4個
　トコブシ（小）　1個
　フレンチドレッシング（→P.25）　適量
ウニ　6粒
大葉のスプラウト　6枚

テリーヌ

1　キュウリのゼリー液をつくる。キュウリは縦に割り、種の部分をスプーンなどで完全に取り除く。塩をまぶして30分間くらいなじませ、ミキサーにかけて濾紙で漉す。

2　ボウルに漉したジュを800cc取り分ける。そのうち100ccを取り出して温め、水でふやかした板ゼラチンを加え、よく混ぜる。スプーンですくって、抵抗なく流れるくらいのシャバシャバした感じが目安。

3　ガルニチュールを用意する。キュウリ4本を縦長に薄く切る。塩をあててしばらくおいて、しんなりしたら水で洗い、ペーパータオルで水気をしっかりふき取る。

4　キュウリ3本は皮をむく。鍋に叩いたショウガ、塩を入れた湯を沸かし、キュウリを入れてやわらかくゆでる。ペーパータオルで水分をしっかりふき取る。

5　テリーヌ型を用意し、型からはみ出すくらい大きめにラップフィルムを敷く。底面、側面にぴったりとキュウリの薄切りを貼りつかせる。最終的に包み込むので、ラップの側面の分は糊しろとして取っておく。

6　キュウリのゼリー液を少し流し、ラップフィルムでおおい、冷蔵庫で冷やし固める。15分間くらいで固まる。

7　ゼリー液が固まったら、塩ゆでしたキュウリを1本そのまま中央におく。3〜4mmほど上にかぶるくらいにキュウリのゼリー液を流し、ふたたびラップフィルムでおおい、冷蔵庫で冷やし固める。

8　15分間くらいで固まるので冷蔵庫から取り出し、キュウリ2本をすき間をあけておき、ゼリー液を流し込む。

9　固まったら、上面を薄切りのキュウリでおおい、上からゼリー液を流して、ラップフィルムをかぶせて冷蔵庫で冷やし固める。

つけ合せ

10　貝のドレッシング和えをつくる。ホッキ貝、ツブ貝、トコブシを粗く切り、ボウルに入れ、フレンチドレッシングで和える。

提供

11　テリーヌを包丁で1.4cmくらいの厚さに切る。上から1/3ほど切り進んだら、側面を中指と薬指で軽く押さえ、間に包丁の刃が入るようにして引くと、安定してきれいに切れる。ラップフィルムをはずす。

12　キュウリのテリーヌを器の中央に盛り、囲むように貝のドレッシング和えを盛る。ウニを添え、大葉のスプラウトを飾る。

オマール海老と旬野菜のプレッセ、
テリーヌ仕立て
**Pressé léger homard et
légumes en terrine**

ベルナール・ロワゾーが始めた、野菜をびっしりと詰めて押し固める「プレッセ」の技法で仕立てたテリーヌ。オマールを芯にして、シンメトリーに仕立てた。なお断面を美しく仕上げるには詰める前に完成イメージ図を描いておくとよい。

技術指導／北岡尚信（プティポワン）

ナスとホタテ貝のパテ
Pâté de coquilles St-Jacques et aubergines

新鮮なホタテ貝柱とナスをむっちりしたパテに仕立て、味わってもらう一皿。パテは半日ほど冷蔵庫で休ませることにより、味が落ち着いて締まる。

技術指導／中村保晴
(オー グー ドゥ ジュール)

ファルス。すり身に生クリーム、卵を混ぜ込み、ナスを混ぜてやわらかめの状態に。

野菜・すり身寄せ

オマール海老と旬野菜のプレッセ、テリーヌ仕立て
Pressé léger homard et légumes en terrine

= テリーヌ（290×80×75mm1本分）

オマールエビ（テール）　4尾分
サヤインゲン　300g
ホワイトアスパラガス　6本
ズッキーニ　6本
新ニンジン　6本
根セロリ　6個
アーティチョーク　20個
赤ピーマン　2個
チリメンキャベツ　1個分
塩　適量
ピーナッツ油　適量

ジュレ・ド・ポワソン（→P.33）　適量

= ソース

トリュフ風味のヴィネグレット　以下を適量
　ジュ・ド・トリュフ　大さじ2
　シェリーヴィネガー　適量
　ピーナッツ油　酢の1/4
　塩、コショウ　各適量
　トリュフ（みじん切り）　1個

テリーヌ

1　それぞれの野菜は湯量に対し4％の塩を加えた湯で、ていねいにゆで上げ、冷ましておく。
2　オマールエビのテールはゆで上げ、殻をむいておく。
3　テリーヌ型の内側にピーナッツ油をハケでぬり、アルミホイルを貼りつける。テリーヌ型から5cmほど上に出して切り、上面まで包み込めるようにしておく。
4　アルミホイルの内側にもピーナッツ油をぬり、ゆでたチリメンキャベツを貼りつける。
5　底面には適宜に切ったホワイトアスパラガス、ズッキーニ、ニンジンを横に並べ、その上に赤ピーマン、根セロリ、アーティチョークの順に重ねていき、両側はサヤインゲンをぎっしり詰める。なお野菜はジュレ・ド・ポワソンにくぐらせながら詰めていく。
6　中央にオマールエビを詰める。
7　オマールエビの上からは、下からの順番と対称になるように積み重ねていく。
8　チリメンキャベツで蓋をするように包み込み終えたら、ラップフィルムをかぶせて、その上に板をかませて、たこ糸でしばってプレスする。

ソース

9　トリュフ風味のヴィネグレットの材料を、濃度の加減をみながら適宜合わせて、ミキサーでよく撹拌してソースとする。

提供

10　テリーヌを取り出して2cmの厚さに切り分けて、器の中央に盛る。
11　周囲にトリュフ風味のヴィネグレットを流す。

ナスとホタテ貝のパテ
Pâté de coquilles St-Jacques et aubergines

= パテ（直径 8cm ココット型 5 台分）
＊ いずれも下処理後の分量

ファルス **A**
　ホタテ貝柱　400g
　塩　6g
　生クリーム（乳脂肪分 38％）　100cc
　卵白　1.5 個分
　卵黄　1.5 個分
　ニンニク（すりおろし）　1 片

ファルス **B**
　ナス　8 本
　塩　適量
　コショウ　適量
　オリーブ油　適量

塩、バター　各適量

= つけ合せ（1 人前）
ホタテのサラダ
　ホタテ貝柱（粗みじん切り）　2 個
　エシャロット（みじん切り）　5g
　マヨネーズ　適量
　フレンチドレッシング（→ P.25）　適量
　柚子コショウ　適量
ホワイトアスパラとソラマメのサラダ
　ホワイトアスパラガス（塩ゆで）　1 本
　ソラマメ（塩ゆで）　3 個
　アンディーブ　1/4 本
　ルーコラセルバチコ　少量
　フレンチドレッシング（→ P.25）、クルミ油　各適量
シブレット　適量
シトロン酢、オリーブ油　各少量

パテ

1　ファルス**A**をつくる。ホタテ貝柱、塩、生クリームをフードプロセッサーでなめらかにする。
2　卵白、卵黄、ニンニクを加え、よく混ぜ合わせる。
3　ファルス**B**をつくる。ナスは縦半分に切り、塩、コショウをふる。オリーブ油をまぶし、皮目を下にして 180℃のオーブンでやわらかくなるまで焼く。
4　取り出して果肉部分のみをスプーンなどでけずり取り、包丁でみじん切りにする。
5　ボウルに同量のファルス**A**と**B**を合わせ、塩で味を調える。
6　バターを薄くぬったココット型に詰め、アルミホイルで蓋をする。湯煎状態にして 150℃のオーブンに入れ、40 分間くらい火を入れる。
7　粗熱をとり、冷蔵庫で半日間ほど休ませる。

つけ合せ

8　ホタテのサラダは材料をよく混ぜておく。
9　ホワイトアスパラとソラマメのサラダをつくる。塩ゆでしたホワイトアスパラガスとソラマメ（皮をむく）、アンディーブ、ルーコラセルバチコをフレンチドレッシングとクルミ油で和える。

提供

10　パテをココットから取り出したら、半分に切る。アルミホイルを高くまわりに巻き、ホタテのサラダをパテの上にのせる。さらにシブレットのみじん切りをのせて器におく。アルミホイルを静かにはずす。
11　ホワイトアスパラガスとソラマメのサラダを添えて、シトロン酢とオリーブ油を混ぜて少量流す。

野菜・すり身寄せ

ほんのり温めた茸のテリーヌと
フリキャッセ・ドゥ・セップとそのブルーテ

**Terrine de champignons
tièdes à l'émulsion de cèpes**

キノコが旬を迎える秋から冬にぴったりの温かいテリーヌ。最後に口の中いっぱいにセップ茸の香りが広がるルセット。その時々でさまざまなキノコを使うが、旨みの強いエノキダケはぜひ加えたい。

技術指導／原口　広（レザンファン ギャテ）

ファルス。すり身を生クリームでなめらかにつないでキノコを混ぜた。

野菜のテリーヌ
≪オリンポスの丘≫

**Terrine de légumes
«Olympe»**

型に彩りよく並べた野菜を、ジャンボン（ソーセージ）でつくったファルスで寄せ、テリーヌに仕上げた。型の底にはギリシア料理でよく使われるブドウの葉の塩漬けを敷き詰めてもよいだろう。切り分けたときの輪切りの野菜が、オリンピックメダルを連想させる。

技術指導／北岡尚信（プティポワン）

ファルス。ジャンボンと卵黄に油を加えてとろりとなめらかに仕上げた。

ほんのり温めた茸のテリーヌとフリキャッセ・ドゥ・セップとそのブルーテ
Terrine de champignons tièdes à l'émulsion de cèpes

= テリーヌ（295×80×60mm1本分）

A
| シャンピニオン・ド・パリ　210g
| セップ茸（冷凍）＊　390g
| シイタケ　150g
| エノキダケ　110g
| マイタケ　60g
| 本シメジ　120g
ニンニク（みじん切り）　4g
エシャロット（みじん切り）　60g
バター　40g
ヴェルモット酒　40cc
ホタテ貝柱　410g
卵白　40g
生クリーム（乳脂肪分47％）　450cc
塩、コショウ　各少量

= ソース

セップ茸のブルーテ　以下を適量
　セップ茸（冷凍）＊　200g
　シャンピニオン（薄切り）　100g
　玉ネギ（みじん切り）　80g
　バター　20g
　フォン・ブラン・ド・ヴォライユ（→P.118）　100cc
　生クリーム（乳脂肪分47％）　50cc
　牛乳　80cc
　塩、コショウ　各少量
赤ワインのレデュクション　以下を少量
　赤ワイン　300cc
　ハチミツ　30g
　水溶きコーンスターチ　少量
E.V. オリーブ油　少量

= つけ合せ（1人前）

セップ茸のソテー
　セップ茸　1.5個
　エシャロット（みじん切り）　少量
　ニンニク（みじん切り）　少量
　パセリ（みじん切り）　少量
　バター　少量
　塩、コショウ　各適量

＊ 冷凍のセップ茸はかぶるくらいの水を加えて火にかけ、沸騰したらアクをひいてザルにあげておく。煮汁は**1**で使うのでキッチンペーパーで漉してとっておく。

テリーヌ

1　**A**のキノコは、適当な大きさに切り分け、熱したフライパンにサラダ油をひいて炒める。バター、ニンニク、エシャロットを加える。少量のセップ茸のゆで汁とヴェルモット酒を加え、強火にしてアルコール分をとばす。フードプロセッサーにかけて粗みじんにし、バットに広げて常温で冷ます。

2　ホタテ貝柱に塩をふり、しばらく冷蔵庫においで余分な水分を出す。フードプロセッサーにかけてピュレ状にする。ボウルに移して、まわりを氷水にあてながらよく練って粘りを出す。溶きほぐした卵白を加えてさらに練る。生クリームを少量ずつ加えてつないでいく。

3　**2**に**1**のキノコを混ぜて、塩、コショウ、ヴェルモット酒（分量外）で味を調えてファルスをつくる。

4　テリーヌ型にアルミホイルを敷き、ファルスを空気が入らないように詰める。アルミホイルで全体をおおい、水分が入らないようにラップフィルムできっちり包む。

5　80℃に設定したスチームコンベクションオーブン（ヴァプール）で約1時間火を入れる。粗熱をとり、冷蔵庫で冷やす。

つけ合せ

6　セップ茸のソテーをつくる。セップ茸は半分に切る。フライパンにバターを熱し、エシャロット、ニンニク、パセリとともにセップ茸を炒める。塩、コショウで味を調える。

ソース

7　セップ茸のブルーテをつくる。バターを溶かして玉ネギを炒める。透明感が出てきたらシャンピニオンとセップ茸を入れてよく炒める。フォン・ブラン・ド・ヴォライユを加えて5分間ほど煮たのち、ミキサーにかけてピュレにする。提供時にこれを鍋に戻して火にかけ、生クリーム、牛乳を入れて沸かす。塩、コショウで味を調え、バーミックスで泡立てる。

8　赤ワインのレデュクションをつくる。赤ワインとハチミツを合わせて火にかけて、1/4量になるまで静かに煮詰める。水溶きコーンスターチを加えて濃度をつける。

提供

9　テリーヌを型から取り出して切り分け、ラップフィルムを巻いて、電子レンジで温める。

10　ラップフィルムをはずして器に盛り、セップ茸のソテーを添える。泡立てたセップ茸のブルーテをかけ、赤ワインのレデュクション、E.V. オリーブ油を流す。

野菜のテリーヌ ≪オリンポスの丘≫
Terrine de légumes «Olympe»

= テリーヌ（220×100×80mm1本分）

ガルニチュール
    サヤインゲン　300g
    新ニンジン　300g
    グリーンピース（むき）　300g
    アーティチョーク（缶詰）　10個
    ホワイトアスパラガス　5本
    塩　適量
    トリュフ　5個

ファルス
    ジャンボン　400g
    ピーナッツ油　180cc
    レモン汁　1.5個分
    卵白　3個分
    塩　5g
    コショウ　2g

バター　適量

= ソース

ヴィネグレット・トマト　以下を**適量**
    トマトの果肉（みじん切り）　250g
    トマトパウダー　20g
    塩　4g
    コショウ　2g
    リンゴ酢　20cc
    E.V.オリーブ油　100cc
    エストラゴン（みじん切り）　適量
    パセリ（みじん切り）　適量
    トマトリキュール　20cc

= つけ合せ（1人前）

チェリートマト　3個

テリーヌ

1. ガルニチュールを用意する。サヤインゲン、サヤから取り出したグリーンピース、新ニンジン、ホワイトアスパラガスを塩を加えたたっぷりの湯で、色よくゆでる。アーティチョークも同様にゆでる。
2. ファルスをつくる。よく冷やしたミキサーを用意し、小さく切り分けたジャンボン、卵白、塩、コショウを入れて最大速力でミキサーをまわす。
3. レモン汁とピーナッツ油を少しずつ加えて、混ぜ合わせる。氷水にとり、冷やしてしっかりと固めてファルスとする。
4. テリーヌ型の内側にバターをぬる。
5. 底面にファルスをぬり、ホワイトアスパラガスを並べる。その上にファルスを薄くぬり、アスパラガスが隠れたらグリーンピースを並べる。
6. 同様にして適宜に切ったアーティチョークとトリュフ、サヤインゲン、新ニンジンを詰め、ファルスを上まで詰める。
7. 内側にバターをぬったアルミホイルをかぶせ、150℃のスチームコンベクションオーブンで30分間焼く。
8. 焼き上がったテリーヌは1日冷蔵庫で保管してから使用する。

ソース

9. 材料をすべて混ぜ合わせてヴィネグレット・トマトをつくる。

提供

10. テリーヌを型から抜き、厚さ1.5cmに切り分ける。器に盛り、ヴィネグレット・トマトを流し、湯むきしたチェリートマトを添える。

ラタトゥイユのテリーヌ
Terrine de ratatouille en pâte à brick

モッツァレッラチーズをつなぎにした野菜盛りだくさんのテリーヌ。テリーヌをパートブリックで包み、フライパンで焼き、オーブンで加熱……。手の込んだ温製の一皿は、テリーヌの概念を変える。

技術指導／中村保晴
(オー グードゥ ジュール)

テリーヌの切り方と包み方→

1 刃の峰を軽く押さえ、上部を切り出す。

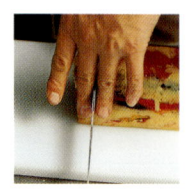

2 途中から包丁を立て、中指と薬指をテリーヌの側面にあてて支え、指の間に刃を通して、引きながら切り進む。

3 半分以下になったら、切り出し分が倒れないように指で支えながら切り分ける。

4 パートブリックを広げ、テリーヌを手前から包み、向こう側をかぶせる。

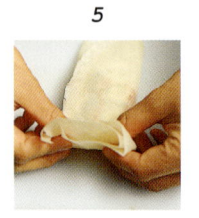

5 両端を適当な長さに切り落とし、縦におき直して、向こう側、手前と折る。

6 端をはさみ込む。

7 返した状態。この後、フライパンで両面を焼く。

海の幸のゼリー寄せ、ペルノー風味
Aspic de fruits de mer au pernod

本店の「シェ・イノ」ではキャビアやトリュフを使ってより贅沢なスペシャリテとするが、ここでは海の幸のみで仕立てている。素材をゼラチンで寄せる場合、ゼリー液がある程度の濃度になるように氷水にあてつつ、かたさが変わらないうちに一気に詰めるのがポイント。

技術指導／岡本英樹
（ドゥロアンヌ）

ゼリー液。2種の酒とホタテのジュ、野菜類を煮詰めたものをすませて板ゼラチンを溶かした。

魚介・ゼリー寄せ | 99

ラタトゥイユのテリーヌ
Terrine de ratatouille en pâte à brick

= テリーヌ（250×100×80mm1本分）
* いずれも下処理後の分量

ガルニチュール
   赤・黄パプリカ　各2個
   トマト　3個
   ナス　4本
   ズッキーニ　2本
   モッツァレッラチーズ　適量
   オリーブ油　適量
   ローズマリー（みじん切り）　適量
   タイム（みじん切り）　適量
   塩　適量
   コショウ　適量

パートブリック　1枚（1人前）
オリーブ油　適量

= つけ合せ（1人前）

ズッキーニのフライ
   ズッキーニ　1/4本
   生パン粉、サラダ油　各適量
   塩　適量
ルーコラセルバチコ　適量
トマト　1/2個
ミニョネット（白）、塩　各適量

テリーヌ

1. ガルニチュールをつくる。パプリカは縦半分に切り、種を取り除く。耐熱皿に入れ、オリーブ油をふりかけオーブンで焼く。皮をむき、塩、コショウで味を調える。
2. トマトは湯むきして、1/4に切り、種を取り除く。
3. ナスとズッキーニは縦半分に切り、オリーブ油で炒め、塩、コショウで味を調える。
4. テリーヌ型にベーキングシートを貼り、赤パプリカ、黄パプリカ、トマトを詰め、薄切りのモッツァレッラチーズを詰める。みじん切りにしたローズマリーとタイムをふる。
5. 上にズッキーニとモッツァレッラチーズ（つなぎ役）を詰め、ふたたびローズマリーとタイムをふる。この手順をくり返しながらトマト、ナス、黄パプリカ、赤パプリカ、トマトを詰めていき、最後にチーズでおおう。アルミホイルで蓋をする。
6. 湯煎状態にして、180℃のオーブンで60分間火を入れる。取り出して常温になるまで落ち着かせ、冷蔵庫で冷やし固める。

つけ合せ

7. ズッキーニのフライをつくる。細い拍子木に切ったズッキーニに生パン粉をまぶし、180℃のサラダ油でフライにする。熱いうちに軽く塩をふる。
8. 湯むきしたトマトは種を取り除き、みじん切りにする。塩（分量外）をふり、目の細かい網にのせて水分をきり、丸めておく。

提供

9. テリーヌを厚さ1.4cmに切り、パートブリックで包む。
10. フライパンにオリーブ油を熱し、両面を焼いたら、フライパンごと200℃のスチームコンベクションオーブンのオーブンモードで5分間くらい加熱する。
11. ラタトゥイユのテリーヌを器に盛り、ズッキーニのフライとルーコラセルバチコの葉、ミニョネットをのせたトマトを添える。

海の幸のゼリー寄せ、ペルノー風味
Aspic de fruits de mer au pernod

= テリーヌ（190×80×75mm 1本分）

ガルニチュール
 ホタテ貝のポワレ
  ホタテ貝柱　12個
  塩、コショウ、オリーブ油　各適量
  バター　10g
  ニンニク（みじん切り）　1/2片
  タイム（みじん切り）　3枝
  ヴェルモット酒　30cc
 サーモンマリネ
  サーモンフィレ（タスマニア産）　160g
  塩　48g/kg
  砂糖　9.6g/kg
  オリーブ油　20cc
  香草（ディル、セルフィーユ、バジル、タイム、ローリエ、セージ、パセリの茎）　適量
  レモン　1/2個
 蒸しアワビ
  アワビ（殻付き）　100g
  ダイコン（厚い輪切り）　1切れ
  昆布　適量
  シェリー酒（辛口）　適量
 タラバガニ（脚）の塩ゆで　2本
 アカザエビのロティール　6本
 ポロネギ（青い部分）　2本
 サヤインゲン　100g
 グリーン・ホワイトアスパラガス　各2本

ゼリー液　以下を適量
 ペルノー酒　3本（2.1リットル）
 ノイリー酒　1本（750cc）
 ホタテのジュ　3リットル
 エシャロット（薄切り）　100g
 トマト　3個
 バジルの茎　5本
 板ゼラチン　液体の20%量

= ソース

ウニのソース
 ソーテルヌワイン　2本（1440cc）
 エシャロット（薄切り）　150g
 ウニ（小箱）　1枚
 バター、生クリーム　各適量

トリュフのヴィネグレット（→P.85）　適量

= つけ合せ

カニサラダ（解説省略）

テリーヌ

1　ガルニチュールを用意する。ホタテ貝柱に塩、コショウし、オリーブ油でポワレする。バターとニンニクのみじん切り、タイム、ヴェルモット酒をふりかけ、蓋をして加熱しながら、香りをつける。

2　サーモンに塩と砂糖をまぶして6時間冷蔵庫におく。

3　塩を洗い流し、真空パックの袋に入れる。オリーブ油、香草、レモンを入れて真空にかけ、一晩冷蔵庫でマリネする。

4　アワビは殻付きのまま、輪切りのダイコン、昆布をのせ、辛口のシェリー酒をふりかける。78℃のスチームコンベクションオーブンで18分間加熱する。

5　タラバガニの脚を塩ゆでして殻から身を取り出す。

6　アカザエビに竹串を刺し、フライパンに入れてオーブンでローストする。

7　ポロネギ、サヤインゲンを塩ゆでする。

8　アスパラガスはスチームコンベクションオーブンのスチーム機能で蒸す。

9　ゼリー液をつくる。ペルノー酒、ノイリー酒を合わせて1/5まで煮詰める。ホタテのヒモでとったジュを加える。

10　エシャロット、トマト、バジルの茎を加え、半量になるまで煮詰める。

11　一旦シノワで漉したのち、細かくきざんだ香味野菜と卵白（ともに分量外）を混ぜ合わせたものを加えて澄ませる。固まった卵白をくずさないよう注意してすくい、布漉しする。

12　水で戻した板ゼラチンを煮溶かす。氷水にあて、濃度をつけてゼリー液とする。

13　テリーヌ型の内側にゆでたポロネギを貼り、1～8のガルニチュールを詰める。具を詰めるたびにゼリー液を流して、層にする。

14　冷蔵庫で冷やし固める。

ソース

15　ウニのソースをつくる。ソーテルヌワインとエシャロットを合わせて1/5量になるまで煮詰め、裏漉しする。

16　生ウニをバターで色づかないように炒め、裏漉しして15を加える。五分立ての生クリームを合わせる。

提供

17　テリーヌを切り分けて器に盛り、カニサラダを添える。ウニのソースとトリュフのヴィネグレットを添える。

魚介・ゼリー寄せ

タスマニア産サーモンのマリネのミキュイと2種のアスパラガスのテリーヌ
桜のチップで燻製したクレーム・フェッテとオレンジの香りを添えて
Terrine de saumon mariné et deux asperges à la crème fumée

半生に火を入れたサーモンとグリーンアスパラガスの色の対比も美しいゼリー寄せのテリーヌ。最初はサーモンを燻製にかけてみたが、テリーヌに仕立てたら、さわやかなアスパラガスにまで燻香がついてしまったので断念し、別添えのクリームを冷燻にかけた。

技術指導／原口　広（レザンファン ギャテ）

サーモンと竹の子のテリーヌ
Terrine de saumon et pousse de bambou

トマトとオレンジのジュレで色目の華やかなサーモンとタケノコ、菜ノ花のテリーヌをつくる。断面が美しい絵柄になるように、ガルニチュールの配し方に注意し、それぞれが沈まないように、その都度、ゼリー液を流して冷やし固める。

技術指導／中村保晴（オー グー ドゥ ジュール）

トマトとオレンジのジュースは濾紙で漉しているため濃い色はついていない。

魚介・ゼリー寄せ | 103

タスマニア産サーモンのマリネのミキュイと2種のアスパラガスのテリーヌ
桜のチップで燻製したクレーム・フェッテとオレンジの香りを添えて
Terrine de saumon mariné et deux asperges à la crème fumée

= テリーヌ（250×80×60mm1本分）

ガルニチュール
 サーモンフィレ（タスマニア産）　650g
 塩、コショウ、グラニュー糖　各少量
 エストラゴン（粗みじん切り）　3枝
 グリーンアスパラガス　9本
 ホワイトアスパラガス　8本
 ズッキーニ（薄切り）　18枚

ゼリー液
 コンソメ・ド・ブッフ（→P.118）　280cc
 板ゼラチン　14g
 ヴェルモット酒　少量

= つけ合せ

燻製したクレーム・フェッテ　以下を適量
 生クリーム（乳脂肪分47％）　適量
 スモークウッド（桜）　適量
 塩　少量
オレンジの皮（すりおろし）　少量
エストラゴン　少量
ヴィネグレットソース（→P.72）　少量

テリーヌ

1　ガルニチュールを用意する。サーモンをフィレにおろし、皮と血合いをきれいに取り除く。テリーヌ型の大きさに合わせて切ったものを2枚用意する。グラニュー糖、塩、コショウをまぶして3時間マリネする。水分をよくふき取り、サラマンドルであぶり、ミ・キュイ（半生）の状態に火を入れる。キッチンペーパーで包み、余分な水分や脂をふき取る。サーモンにエストラゴンをまぶす。

2　ズッキーニは1.5mmの厚さに縦に薄切りにする。グリーンアスパラガスは根元から2/3ほど皮をむく。ホワイトアスパラガスは厚めに皮をむき取る。それぞれ塩を入れたたっぷりの湯でゆでる。氷水にとって水気をきる。

3　ゼリー液をつくる。コンソメ・ド・ブッフを沸かし、氷水につけて戻した板ゼラチンを加えて溶かす。粗熱をとり、ヴェルモット酒で風味をつける。2種のアスパラガスを浸す。

4　テリーヌ型にラップフィルムを敷き詰める。キッチンペーパーでしっかりと水気をきったズッキーニを、すき間ができないように薄く、端が型からはみ出すように大きく敷き詰める。

5　グリーンアスパラガスとホワイトアスパラガスを交互に並べて、その上にサーモンをのせ、すき間を埋めるようにさらにアスパラガスを詰める。3のゼリー液を流しながら型に詰めていく。サーモンを2枚詰めたら、一番上にアスパラガスをすき間なく詰めて、はみ出したズッキーニをかぶせ、ラップフィルムで包んで冷蔵庫で冷し固める。

つけ合せ

6　燻製したクレーム・フェッテをつくる。生クリームをボウルに入れ、氷水をあてながら、冷燻に1時間ほどかける。途中何度かかき混ぜる。塩を加えて泡立て器で撹拌する。

提供

7　テリーヌを冷蔵庫から取り出して切り分け、ラップフィルムをはずして皿に盛る。断面にヴィネグレットソースをぬる。すりおろしたオレンジの皮を散らし、燻製したクレーム・フェッテを添える。エストラゴンを飾る。

サーモンと竹の子のテリーヌ
Terrine de saumon et pousse de bambou

= テリーヌ（250×100×80mm1本分）
*いずれも下処理後の分量
ガルニチュール
 サーモンマリネ
  │ サーモンフィレ 半身
  │ グロセル（カマルグ産） 適量
  │ 黒粒コショウ 各適量
  │ コリアンダー、ディル 各適量
 タケノコ（Sサイズ） 10本
 チキンブイヨン（→P.118） 適量
 菜ノ花 4束
 ポロネギ 2本
 塩 適量
トマトとオレンジのゼリー液
 ジュース 600cc
  │ トマト（湯むき） 6個
  │ オレンジジュース 600cc
  │ オレンジの皮 1/3個
  │ 塩 少量
 板ゼラチン 20g

= ソース
レフォールのクリームソース *1
 生クリーム 200cc
 レフォール（すりおろし） 50g
 塩 少量

= つけ合せ（1人前）
菜ノ花（塩ゆで） 300g
マスタード 適量
クルミ 適量
アブルーガ *2 適量

*1 生クリームとすりおろしたレフォールを混ぜ、1時間ほどおいて香りを移して漉す。ハンドミキサーで六分立てにして、少量の塩で味を調える。

*2 燻製にしたニシンを粉末状にしてレモン汁などで調味加工した。黒くて光沢がある。
（スペイン原産／ラ・マンガ・コーポレーション TEL.03-3432-6189）。

テリーヌ

1. トマトとオレンジのゼリー液をつくる。ジュースの材料をすべてミキサーに入れてまわし、濾紙で漉す。
2. 600ccのジュースを取り分け、そのうちの100ccを軽く温め、水でふやかした板ゼラチン20gを溶かして戻す。全体をなじませる。
3. ガルニチュールを用意する。三枚におろしたサーモンの半身（フィレ）をバットに入れ、グロセル、コリアンダー、黒粒コショウ、ディルをよく混ぜ、7時間ほどマリネする。縦に3分割、蓋にする腹身の部分も縦長に切る。
4. 鍋にたっぷりの水を注ぎ、赤唐辛子と米ヌカ（ともに分量外）を入れて沸かし、小さめのタケノコを皮ごとゆでる。根元に竹串がすっと通ればそのまま冷まし、皮をむいて水洗いする。
5. チキンブイヨンを沸かし、下処理したタケノコを、10分間ほど煮てそのまま冷ます。
6. 菜ノ花は塩を加えた湯でゆでる。
7. ポロネギは縦に切り、1枚ずつにばらし、さっとゆでる。テリーヌ型に端がはみ出すくらい大きめに切ったラップフィルムを敷き、ポロネギを底面と側面に貼る。側面の分は上にかぶせるための糊しろをとっておく。
8. トマトとオレンジのゼリー液を少し流し、菜ノ花を詰め、少量のゼリー液を流す。乾かないようラップフィルムでおおい、15分間ほど冷蔵庫で冷やし固める。
9. 固まったら取り出し、少量のゼリー液を流し、中央にタケノコ、左右にサーモンマリネをおく。ふたたびゼリー液を流し、ラップフィルムでおおい、冷蔵庫で冷やし固める。
10. 15分間たったら取り出し、菜ノ花をサーモンの上にのせ、ゼリー液を流して、もう一度ラップフィルムでおおい、冷やし固める。
11. 取り出したらゼリー液を流し、サーモンの腹身で蓋をし、ポロネギでおおい、上からゼリー液を流し、冷蔵庫で半日ほど冷やし固めて、締める。

つけ合せ

12. 菜ノ花を塩ゆでして水気をきり、ボウルに入れてマスタードで和える。

提供

13. サーモンと竹の子のテリーヌを厚さ1.4cmに切り、ラップフィルムをはずして器の中央に盛る。
14. クリームソースを2ヵ所に流し、アブルーガをのせる。菜ノ花を盛り、上にクルミをのせる。

オマール海老と茄子のテリーヌ
フルーツトマト、タプナードとほのかなカレーの香りを添えて
Terrine de homard aux aubergines, tomate douce, tapenade, parfum de curry

オマールが主役。弾力のある食感をより感じていただくために、やわらかくて何にでも合うナスを組み合わせた夏向きのテリーヌ。エビ、カニを使ったテリーヌは根強い人気があるので、メニューには欠かせない。

技術指導／原口　広
（レザンファン ギャテ）

帆立貝とモリーユ茸のテリーヌ
Terrine de coquilles Saint-Jacques aux morilles

モリーユ茸を混ぜ合わせたホタテ貝のファルスをテリーヌの中心に据え、ホタテ貝とシャンピニョンの具材を混ぜ込んだファルスで周囲を囲んだ2重構造のテリーヌ。断面の模様が美しい。なお、ホタテのテリーヌは店の定番の一つで、こちらにはモリーユ茸は加えず軽く焼きめをつけた独自の仕立て方で提供している。

技術指導／北岡尚信
（プティポワン）

ホタテのすり身に生クリームと卵を加えたなめらかなファルスに角切りのホタテとモリーユ茸を混ぜたバロティーヌ用。

魚介・すり身寄せ | 107

オマール海老と茄子のテリーヌ フルーツトマト、タプナードとほのかなカレーの香りを添えて
Terrine de homard aux aubergines, tomate douce, tapenade, parfum de curry

=テリーヌ（250×80×60mm1本分）

ガルニチュール
  オマールエビ（活）　650g×4尾
  長ナス　2.8kg
  ズッキーニ（薄切り）　18枚
  塩、コショウ　各少量

ゼリー液
  コンソメ・ド・ブッフ（→P.118）　220cc
  板ゼラチン　30g

=ソース（1人前）

タプナード　以下を小さじ1
  黒オリーブ（ニース産）　350g
  緑オリーブ　100g
  A
    アンチョビ（みじん切り）　15g
    エシャロット（みじん切り）　15g
    ニンニク（みじん切り）　8g
    ケッパー（みじん切り）　15g
  E.V.オリーブ油、白コショウ　各少量

セルバチコのソース　以下を適量
  セルバチコ　適量
  E.V.オリーブ油、塩　各適量

ヴィネグレットソース（→P.72）　少量

=つけ合せ（1人前）

フルーツトマト　1/2個
グリーンサラダ（解説省略）
ピンクペッパー　少量
カレー粉　少量
クリスタルソルト（マルドン産）　少量

テリーヌ

1. ガルニチュールを用意する。たっぷりの湯に塩を入れて火にかけ、沸騰したらオマールエビをゆでる。太い爪だけをまず先に湯に入れ、1分間たったら全体を入れて3分間半で火を通し、バットに上げて粗熱をとる。殻をむいて水気をふきとり、塩をふる。
2. 長ナスは直火で焼いて皮をこがし、氷水にとって皮をむく。ズッキーニは縦に1.5mmの厚さに切ってさっとゆでる。
3. ゼリー液をつくる。皮をむいたナスにコンソメ・ド・ブッフを煮含ませ、氷水で戻した板ゼラチンを入れて溶かす。しばらく常温において味をなじませる。
4. テリーヌ型にラップフィルムを敷く。水気をきっちりふきとったズッキーニを、型からはみ出すように薄く敷き詰め、ナスとオマールエビを詰めて、ズッキーニをかぶせてラップフィルムできっちり包む。冷蔵庫で冷し固める。

ソース

5. タプナードをつくる。2種のオリーブを水からゆでる。これを2回くり返し、塩気を抜く。種を取り除いておく。黒オリーブの1/3量と緑オリーブの2/3量とAをフードプロセッサーにかける。E.V.オリーブ油を少量ずつ加えながら、ピュレ状になるまでまわし、鍋に移す。残りのオリーブをフードプロセッサーで粗みじんにして加え、火にかける。軽く水分を詰めて、白コショウで味を調えて冷ます。
6. セルバチコのソースをつくる。セルバチコは葉の部分だけを熱湯でさっとゆでて氷水にとる。水分を絞り、塩とE.V.オリーブ油を入れてミキサーにかけてソースをつくる。

提供

7. テリーヌを切り分けてラップフィルムをはずす。皿にセルバチコのソースを流し、その上にテリーヌを盛る。
8. 断面にヴィネグレットソースをぬる。オマールエビの上にクリスタルソルトを添える。タプナードをスプーンなどでくり抜いて添え、カレー粉をふって、クリスタルソルトを散らす。
9. 脇にセルバチコのソースを流し、ヴィネグレットソースと塩（分量外）をからめたフルーツトマトをのせる。上にグリーンサラダを飾る。ピンクペッパーを散らす。

帆立貝とモリーユ茸のテリーヌ
Terrine de coquilles Saint-Jacques aux morilles

=テリーヌ（290×80×75mm1本分）

ガルニチュール
　　ホタテ貝柱　200g
　　シャンピニオン　100g
　　エシャロット（みじん切り）　10g
　　モリーユ茸　80g
　　白ポルト酒　20cc
　　バター　適量

ファルス
　　ホタテ貝柱　500g
　　生クリーム　300g
　　卵白　3個分
　　卵黄　3個分
　　塩　適量
　　バター（ポマード状）　60g
　　ヴェルモット酒　400cc

=つけ合せ

リンゴのピュレ
　　リンゴ（青森県産サンフジ）　2個
　　レモンの皮　1/2個分
　　リンゴ酢　50cc

=ソース

　　バルサミコ酢　適量

テリーヌ

1　ファルスをつくる。ホタテ貝柱を細かくきざみ、脱水シートに2時間ほどはさんで、水分を抜いておく。
2　ヴェルモット酒を1/10に煮詰めておく。
3　脱水させたホタテ貝に塩を加え身を締め、フードプロセッサーに卵白とともに入れてまわす。
4　氷をあてたボウルに移して、生クリームを少量ずつ加えながら木ベラで混ぜ合わせてムースを仕上げる。
5　卵黄を加えて味を調え、煮詰めたヴェルモット酒とポマード状のバターを加え、ファルスとする。
6　ガルニチュールを用意する。ホタテ貝柱の角切りと、シャンピニオンのせん切りを別々にバターでさっと炒め、冷ましてからファルスと混ぜ合わせる。
7　モリーユ茸をきざみ、みじん切りのエシャロットとともにバターでソテーする。白ポルト酒でデグラッセして煮詰め、冷やしておく。
8　6を一部取り分けてモリーユ茸を混ぜ合わせ、ラップフィルムで巻いてバロティーヌをつくり、蒸し上げておく。
9　テリーヌ型の内側にバターをぬり、6を詰める。バロティーヌをテリーヌ型の中心に位置するように入れ、さらに上から残りの6でおおう。
10　蓋をして、80℃のスチームコンベクションオーブンで40分間加熱する。
11　室温で冷まし、冷蔵庫で1日冷やす。

つけ合せ

12　リンゴのピュレをつくる。皮をむいてきざんだリンゴ、レモンの皮、水を鍋に入れ、紙蓋をしてゆっくりと煮て水分をとばす。ミキサーにかける。リンゴ酢で酸味を調える。

提供

13　テリーヌを型から取り出し、切り分ける。器に盛り、リンゴのピュレを添え、バルサミコ酢をアクセントに流す。

魚介・そのほか

たらば蟹の
軽いパート焼き

**Petit pâté chaud
de crabes au jus**

冷やして固めたものを切り分けて提供するのが通常のテリーヌやパテだが、温かい状態でできたて感をプラスした。オーダーが入ったら包んで焼き上げることで、ファルスのクリームが溶けて風味が立つ。あらかじめつくっておいたテリーヌをファルスとしてもよいだろう。

技術指導／北岡尚信（プティポワン）

塩でコシをだしたホタテのムースにタラバガニのほぐし身を混ぜた。

アジのテリーヌ

Terrine de "Aji"

アジとジャガイモ——意外な組み合わせのようだが、相性抜群のテリーヌ。軽く燻煙をかけた関アジは、中がレアの状態に仕上げる。食が進むこと請け合い。

技術指導／中村保晴
（オー グードゥ ジュール）

炒めたジャガイモをつぶしてつくったファルス。

魚介・すり身寄せ | 111

アジのテリーヌ
Terrine de "Aji"

= テリーヌ（250×100×80mm1本分）
* いずれも下処理後の分量

ガルニチュール
  関アジ（1尾700g）　3尾
  塩　適量
  コショウ　適量
  サクラのチップ　適量

ファルス
  赤ジャガイモ　15個
  ニンニク　3片
  オリーブ油　適量
  タイム　少量
  塩　適量
  コショウ　適量
  黒オリーブ（みじん切り）　220g

= ソース

アンショヤードソース
  アンチョビフィレ　100g
  ニンニク　1片
  マスタード　大さじ1
  バジル　1パック
  タイム　4枝
  オリーブ油　300cc

= つけ合せ（1人前）

トマトサラダ
  トマト　1/2個
  バジルペースト　適量
  塩　少量
  コショウ　少量
ミョウガサラダ
  ミョウガ　1個
  フレンチドレッシング（→P.25）適量
バジルの葉　適量

テリーヌ

1. ガルニチュールを用意する。関アジは三枚におろし、塩、コショウをふり、冷蔵庫で4時間マリネする。さっと洗い、ペーパータオルで水分をふき取る。
2. フライパンなどにサクラのチップを敷き、網をかぶせ1のアジをのせる。蓋をして火にかけ3分間くらい燻煙にあてる。
3. 風干しにして冷まし、ラップフィルムで包み、冷蔵庫で1日休ませる。
4. ファルスをつくる。赤ジャガイモは皮をむいて2cmの角切りにする。ニンニクは半分に切り、芯を取り除く。フライパンにオリーブ油をひき、ニンニクを軽く炒め、香りが出たらジャガイモを炒める。
5. タイムを加えて軽く炒め、フライパンごと200℃のオーブンに入れ、5分おきくらいに、ジャガイモをつぶすようにしてかき混ぜ、火を入れる。
6. ジャガイモが完全につぶれない程度で、最後にみじん切りにした黒オリーブを加え、塩、コショウで味を調える。取り出して常温に冷ます。
7. テリーヌ型にベーキングシートを貼り、ファルスと3のアジを交互に詰める。ラップフィルムをかぶせ、冷蔵庫で3～4時間ほど冷やす。

ソース

8. アンショヤードソースをつくる。アンチョビ、ニンニク、マスタード、バジル、タイム、オリーブ油をミキサーにかけ、なめらかにする。

つけ合せ

9. トマトサラダをつくる。湯むきしたトマトをバジルペーストで和え、塩、コショウで味を調える。
10. ミョウガサラダをつくる。ミョウガは薄切りにして水にさらし、水分をふき取ってフレンチドレッシングで和える。

提供

11. テリーヌを取り出し1.4cm厚さくらいに切り、両面をさっとサラダ油を熱したフライパンで焼いて、器に盛る。
12. トマトサラダを添え、その上にミョウガサラダをのせ、バジルの葉を飾る。

たらば蟹の軽いパート焼き
Petit pâté chaud de crabes au jus

= パテ（4人分）

タラバガニのほぐし身　160g
ホタテ貝のムース　以下を40g
　ホタテ貝柱　120g
　生クリーム　120g
　卵白　1個分
　卵黄　1個分
　カイエンヌペッパー　少量
　塩　4g
エストラゴン（みじん切り）　適量
パート・フィロ（15cm角）　1人3枚
すましバター　適量

= ソース

ジュ・ド・クルスタッセ　以下を適量
　切りワタリガニ（冷凍）　500g
　香味野菜
　　玉ネギ（1cm角）　150g
　　ニンジン（1cm角）　150g
　　セロリ（1cm角）　70g
　トマト　4個
　トマト・コンサントレ　50g
　エストラゴン　15g
　パセリ　2枝
　ニンニク　1株
　フュメ・ド・ポワソン（→P.116）　1リットル
　コニャック　150cc
　バター　適量
　生クリーム　適量

= つけ合せ（1人前）

ジロール茸のソテー
　ジロール茸　適量
　バター　適量

カニ塩＊　適量
セルフィーユ　適量

＊ ほぐし身にしたときのタラバガニの赤皮を乾燥焼きして、ミキサーにかけ、塩を加える。

パテ

1　タラバガニは蒸し、殻から身を取り出し、赤皮をきれいに取り除いてほぐし身にする。

2　ホタテ貝のムースをつくる。ホタテ貝柱をフードプロセッサーに入れ、塩をふり、まわす。塩の力で粘りが出て身が締まってきたら卵白を加えて、さらにまわす。

3　氷を入れたボウルに移し、卵黄を加えた生クリームでつないでいき、カイエンヌペッパーで味を調え、ムースとする。

4　タラバガニのほぐし身にエストラゴンとホタテ貝のムースを入れて1個50gにまとめる。

5　パート・フィロを15cm角に切りそろえ、すましバターをハケでぬる。角度を90度ずつずらしながら、4を包み、バラのイメージに成形する。

6　170℃のオーブンで10分間焼く。

ソース

7　ジュ・ド・クルスタッセをつくる。ワタリガニを小さく切って、オーブンで乾燥焼きする。

8　1cm角に切った香味野菜をバターで炒めてワタリガニを加え、さらに炒めたらトマト・コンサントレとトマトを加える。

9　コニャックでフランベをし、パセリ、ニンニク、エストラゴンを加え、フュメ・ド・ポワソンを注ぎ、40分間煮て漉し、カニのキュイソンをとる。

10　カニのキュイソンをバターでモンテし、泡立てた生クリームを少量加え、ジュ・ド・クルスタッセを仕上げる。

つけ合せ

11　ジロール茸をバターでソテーする。

提供

12　器にパート包みを盛り、セルフィーユを散らす。ジュ・ド・クルスタッセを流し、ジロール茸のソテーとカニ塩を添えて供する。

ズワイ蟹をまぜ込んだ帆立貝のムース仕立ての温かなテリーヌ
スープ・ド・ポワソンとルイユ、クルトンを添えて
**Mousse tiède de coquilles St-Jacques et crabes en terrine,
soupe de poisson, rouille**

ブイヤベースのイメージでつくったテリーヌ。ブイヤベースに入れる素材をすべて使った、人気の温かいテリーヌで、魚料理としても使えるような、充分なボリュームがある。フロマージュを別添えにしてもよい。

技術指導／原口　広
（レザンファン ギャテ）

ホタテ貝のすり身に生クリーム、ジュ、酒など水分を多く加えたやわらかめのファルス。

=テリーヌ（250×80×60mm 1本分）
ズワイガニ（ゆで、むき身）　300g
ホタテ貝柱（活、むき身）　410g
卵白　45g
生クリーム（乳脂肪分47％）　450cc
ジュ・ド・クラブ（→P.118）　35cc
コニャック　15cc
ヴェルモット酒　20cc
塩、カイエンヌペッパー　各少量

=つけ合せ（1人前）
ジャガイモのピュレ　以下を適量
　ジャガイモ（メークイン）　250g
　牛乳　100cc
　生クリーム（乳脂肪分47％）　40cc
　無塩バター　50g
　塩　少量
　グロセル　少量

スープ・ド・ポワソン　以下を大さじ2
（でき上がり2リットル）
　魚のアラ　3kg
　オマールエビの頭　500g
　ニンニク（半割）　2株
　A
　　玉ネギ（薄切り）　1.5個
　　ニンジン（薄切り）　1/2本
　　セロリ（薄切り）　1/2本
　　ポロネギ（薄切り）　少量
　　フヌイユ（薄切り）　少量
　トマトペースト　50g
　白ワイン（辛口）　750cc
　水　3リットル
　B
　　トマトホール（缶詰）　1.5kg
　　トマト　4個
　　フェンネルシード　少量
　　サフラン　少量
　　カイエンヌペッパー　1本
　オリーブ油　適量
　塩　少量
　ペルノー酒　少量

ルイユ　以下を少量
　卵黄　2個
　白ワイン　100cc
　サフラン　少量
　ニンニク（すりおろし）　少量
　ピュアオリーブ油　適量
　塩、カイエンヌペッパー　各少量
　白ワインヴィネガー　少量

ピマン・デスプレット　少量
シブレット　少量
クルトン　3切れ

テリーヌ

1　ファルスをつくる。ホタテ貝柱に塩をふり、しばらく冷蔵庫におき、余分な水分を出す。水分をふき取り、フードプロセッサーにかけてピュレ状にする。
2　氷水にあてながら、よく練って粘りを出す。卵白を加えてさらによく練る。生クリームを少量ずつ加えながらつないでいく。
3　ジュ・ド・クラブ、コニャック、ヴェルモット酒、塩、カイエンヌペッパーを加え、味を調える。ズワイガニをほぐして加え、ファルスをつくる。
4　テリーヌ型にアルミホイルを敷いて、ファルスを詰める。空気が入らないよう注意。水分が入らないようにきっちりラップフィルムをかけて蓋をする。
5　80℃に熱したスチームコンベクションオーブンで約1時間火を入れる。型を取り出し、粗熱をとって冷蔵庫で冷やす。

つけ合せ

6　ジャガイモのピュレをつくる。ジャガイモは皮付きのままグロセルを入れた水に入れて、やわらかくなるまでゆでる。熱いうちに皮をむき、裏漉しして鍋に入れて火にかけ、木ベラで勢いよく混ぜながらジャガイモの水分をとばす。牛乳と生クリームを合わせて沸かし、少しずつ加えながらよく練る。冷たい無塩バターを加え、塩で味を調える。
7　スープ・ド・ポワソンをつくる。オリーブ油でニンニクを香りが出るまで炒める。Aを加えてさらによく炒める。適当な大きさに切ったオマールエビの頭、魚のアラを加えてつぶしながらよく炒める。トマトペーストを加えて軽く炒め、白ワインを注ぐ。フランベし水を加える、静かに沸かしてアクをひく。Bを加えてアクをとりながら1時間煮出す。ハンドル付きのシノワで裏漉しする。再び沸かし、アクをひいて軽く煮詰める。塩で味を調える。
8　ルイユをつくる。白ワインにサフランを入れて火にかけ、サフランを煮出す。半量まで煮詰めて冷ます。ボウルに卵黄、ニンニク、煮出した白ワインを入れて撹拌する。ピュアオリーブ油を少量ずつたらしながら混ぜてつなぐ。塩、カイエンヌペッパーで味を調え、白ワインヴィネガー数滴をたらして味を締める。

提供

9　スープ・ド・ポワソンを温め、ペルノー酒で香りをつける。
10　皿にジャガイモのピュレを円を描くように絞る。円の内側にスープ・ド・ポワソンを流す。
11　テリーヌを切り分けて、ラップで巻いて電子レンジで温め、スープ・ド・ポワソンの上に盛る。ルイユをかけ、クルトン、シブレットを添え、ピマン・デスプレットをふる。

各店のフォンとコンソメ

プティポワン
技術指導／北岡尚信

= フュメ・ド・ポワソン
（でき上がり2リットル）

玉ネギ（薄切り）　2個
ニンジン（斜め薄切り）　1本
ポロネギ（斜め薄切り）　1本
セロリ（薄切り）　1本
パセリの茎　1枝
ホタテ貝のヒモ　2kg
舌ビラメの中骨　3kg
白ワイン　1.5リットル
水　2.25リットル
二番のフュメ　適宜
オリーブ油　適量

1. 舌ビラメの中骨にオリーブ油をふって、オーブンで乾燥焼きにする。
2. 野菜を弱火で炒める。
3. 中骨、ホタテ貝のヒモ、野菜を鍋に入れ、白ワイン、水、二番のフュメ（後述）を加え、火にかける。沸騰後、15分間煮る。シノワで漉す。
4. ちなみに漉した材料を鍋に戻し、ひたひたの量の水を加えてさっと煮て、二番のフュメをとる。これを漉して、次のフュメをとるときに鍋に加える。

= フォン・ド・ヴォー
（でき上がり20リットル）

仔牛スジ肉　20kg
仔牛スネ骨　20kg
鶏ガラ　5kg
玉ネギ（4等分）　30個
ニンジン（4等分）　20本
セロリ（ぶつ切り）　1本
ニンニク　14株
ローリエ　10枚
タイム　20枝
水　50リットル

1. 仔牛スネ骨15kg、スジ肉15kgを天板に並べて、オーブンで焼きめをつける。
2. 玉ネギ15個、ニンジン10本、セロリ1/2本を切りそろえる。
3. ニンニク7株を横半分に切り、断面を下にしてフライパンで焼く。
4. 1〜3を寸胴鍋に入れ、水を加えて、12時間煮たのち、シノワで漉す。
5. 残りの肉と骨、野菜を新しく用意し、漉した4を加える。焼いた鶏ガラ、ローリエとタイムを加える。
6. 再び1日間煮て、漉して完成。

ドゥロアンヌ
技術指導／岡本英樹

= フォン・ド・ヴォライユ
（でき上がり15リットル）

大山地鶏の鶏ガラ　15kg
玉ネギ　5個
ニンジン　5本
セロリ　3本
ニンニク　3株
ポロネギの青い部分　10本分
ブーケガルニ　1束
水　25リットル

1. 鶏ガラを水にさらし、寸胴鍋に入れて水を張る。強火にかける。
2. 沸騰したら差し水をして、浮いてきたアクを除く。沸騰させては差し水し、アクを除く作業を3回くり返す。
3. 切り込みを入れた丸のままの野菜とブーケガルニを加える。
4. そのまま沸騰を保ち続けて7時間煮て、シノワで漉す。

= ジュ・ド・ヴォライユ
（でき上がり4リットル）

大山地鶏の鶏ガラ　10kg
玉ネギ（粗きざみ）　4個
ニンジン（粗きざみ）　4本
セロリ（粗きざみ）　2本
ニンニク（粗きざみ）　2個
ポロネギの青い部分　8本分
ブーケガルニ　1束
水　10リットル
サラダ油　適量

1. 鶏ガラの肺や血合を掃除し、包丁で適当に切り分ける。天板にのせてサラダ油をふる。230℃のオーブンで焼いて焼き色をつける。
2. 野菜を粗くきざみ（コンカッセ）、鶏ガラ同様に天板にのせてサラダ油をふる。200℃のオーブンで焼き色をつける。
3. 鶏ガラを寸胴鍋に入れ、水を注ぐ。強火にかける。
4. 沸騰したら差し水をして、浮いてきたアクを除く。沸騰させては差し水し、アクを除く作業を3回くり返す。
5. 焼き色をつけた野菜とブーケガルニを加える。
6. そのまま沸騰を保ち続け、8時間煮る。シノワで漉し、アクを除く。

= コンソメ（でき上がり9リットル）

牛の尾　5kg
玉ネギ（輪切り）　4個
ニンジン（輪切り）　3本
ニンニク（輪切り）　2株
水　12リットル
フォン・ド・ヴォライユ（→左段）　15リットル
A
　牛スネ肉（ミンチ）　7kg
　玉ネギ（みじん切り）　600g
　ニンジン（みじん切り）　600g
　ポロネギ（みじん切り）　500g
　セロリ（みじん切り）　300g
　卵白　1.1kg

1. 牛の尾を水にさらして血抜きする。ザルに上げて水気をきる。油はひかず、そのまま半寸胴鍋に入れる。
2. 230℃のオーブンに半寸胴鍋を入れ、牛の尾に焼き色をつけつつ、油を落とす。鍋にたまった油を除く。
3. 鍋にたっぷりの水を注ぎ、鍋にこびりついた旨みを溶かす。強火にかける。
4. 沸騰したら差し水をして、浮いてきたアクを除く。沸騰させては差し水し、アクを除く作業を3回くり返す。
5. 玉ネギ、ニンジン、ニンニクを輪切りにし、油をひかない鍋に入れて、断面に焼き色をつける。半寸胴鍋に入れる。
6. 弱火でことこと8時間煮る。
7. シノワで漉す。でき上がった牛の尾のだしは6リットルになる。
8. 寸胴鍋に入れて、フォン・ド・ヴォライユを加える。再び弱火にかけ、8時間煮る。
9. Aの牛スネ肉のミンチにみじん切りにした野菜を加えて練り、卵白を加えてよく混ぜる。
10. 寸胴鍋に加えて、肉と卵白が固まる力でだしをすませる。
11. でき上がったコンソメをにごらせないように静かに布漉しする。

= ウサギのコンソメ（てき上がり1リットル）

ウサギの骨　1羽分
玉ネギ（2.5cm角）　1/2個
ニンジン（2cm角）　1/3本
ニンニク（半割）　1株
水　3リットル
A
　ウサギの端肉　適量
　玉ネギ（粗きざみ）　70g
　ニンジン（粗きざみ）　70g
　ポロネギ（粗きざみ）　70g
　セロリ（粗きざみ）　70g
　卵白　100g

1　ぶつ切りにしたウサギの骨、玉ネギ、ニンジン、ニンニクを鍋に入れ、水を注いで弱火にかけ、4時間煮る。
2　Aのウサギの端肉を挽いて、きざんだ野菜、卵白を加えて練り混ぜる。
3　2を1のウサギのだし1.8リットルに加えて火にかけ、肉と卵白が固まる力でだしをすませる。
4　でき上がったコンソメをにごらせないように静かに布漉しする。

オギノ
技術指導／荻野伸也

= フォン・ド・ヴォー
（てき上がり15〜20リットル）

牛アキレス腱　3kg
仔牛の骨　5kg
牛スネ肉　3kg
トマトペースト　200g
香味野菜*　各適量
水　30リットル

*　玉ネギ、ニンジン、ニンニク、セロリ、ダイコンやカブの皮など適宜。切らずに使う。

1　牛アキレス腱、仔牛の骨、牛スネ肉を約5cm角程度の大きさに切り、天板に広げ、300℃に熱したオーブンで3時間焼く。途中で数回混ぜながら、均等に焼いていく。
2　寸胴鍋に移し、水30リットルを注ぎ、トマトペースト、香味野菜を加えて、強火にかける。
3　沸いたら弱火にして、12時間煮る。一旦火を止めてそのままおく。
4　翌日再び強火にかけて、沸いたら弱火で12時間煮て漉す。

5　残っただしがらを鍋に移し、浸るくらいの水を注いで、30分間ほど加熱して漉す。
6　4と5を合わせて、アクがひけるくらいの火加減で半日ほど煮詰める。
7　目の細かい漉し器で漉す。密封容器に移して冷蔵庫で保存する。

= フォン・ド・ヴォライユ
（てき上がり8リットル）

鶏ガラ　15kg
つめ鶏　5kg
白色の野菜*　適量
水　30リットル

*　玉ネギ、セロリ、ニンニク、ダイコンやカブの皮など白色の野菜。切らずに使う。

1　鶏ガラ、つめ鶏をぶつ切りにし、水を注ぎ、白色の野菜を丸のまま入れる。
2　火にかけて、沸いたら弱火にして8時間ほど沸かす。
3　これを漉して、8リットルになるまで煮詰める。布漉しして、冷めたら冷蔵庫で保存する。

= コンソメ・ジュレ

ブイヨン
　鶏ガラ　3kg
　つめ鶏　5kg
　牛げん骨　2kg
　水　15リットル
A
　牛スネ肉赤身（ミンチ）　4kg
　香味野菜
　　玉ネギ（薄切り）　2個
　　ニンジン（薄切り）　2本
　　セロリ（薄切り）　2本
　　ニンニク（薄切り）　2片
　　赤パプリカ（薄切り）　2個
　トマト（薄切り）　1kg
　ビーツ（薄切り）　1kg
　カブ（薄切り）　2kg
　赤ワイン　1本（720cc）
　卵白　650g

1　鶏ガラ、つめ鶏、牛げん骨を水から8時間煮てブイヨンをとる。
2　Aをすべて合わせてよく練る。
3　2に人肌程度のブイヨンを適量加えてもみ、残りのブイヨンを入れて木ベラでよく混ぜて火にかける。
4　卵白が凝固し始めたら、混ぜるのをやめる。Aが浮いてきたら火を弱めて中

央に穴をあけて、約5時間煮る。静かに布漉しする。
5　粗熱がとれたら冷蔵庫で冷やしてジュレ状に固める。

レザンファン ギャテ
技術指導／原口　広

= フュメ・ド・ポワソン
（てき上がり2リットル）

白身魚のアラ　3kg
ニンニク（半割）　1株
香味野菜
　玉ネギ（薄切り）　2個
　ポロネギ（薄切り）　1/4本
　セロリ（薄切り）　2本
　シャンピニオン（薄切り）　5個
白ワイン　500cc
水　3リットル
A
　タイム　2枝
　ローリエ　2枚
　パセリの茎　少量
　白粒コショウ　少量
　塩　少量
オリーブ油　適量

1　鍋にオリーブ油をひいて、ニンニクを弱火で炒め、香りがたったら香味野菜を入れて、中火で香りを出すようにじっくり炒める。
2　白身魚のアラは適当な大きさに切って1に入れてよく炒める。白ワインを加え、強火にしてアルコールをとばす。水を加えてゆっくり沸かしてアクをひく。
3　Aを加えて、アクをひきながら弱火で30分間ほど煮出す。キッチンペーパーで静かに漉す。
4　再度沸かしてアクを除いて冷ます。

= フォン・ブラン・ド・ヴォライユ
(てき上がり4リットル)

鶏ガラ　1kg
鶏手羽先　1kg
A
　ニンニク(半割)　1株
　玉ネギ　1個
　ニンジン　1/2本
　セロリ　1/2本
　セロリの葉　少量
　タイム　2枝
　ローリエ　1枚
　パセリの茎　少量
　クローブ　1本
　白粒コショウ　少量
塩　少量
水　7リットル

1　鶏ガラを掃除し、鶏手羽先とともに鍋に入れ、水と塩を加えて強火にかける。
2　アクをひいて、切り込みを入れた丸のままのAの野菜と香辛料を加え、弱火で3時間煮出す。途中適宜アクをひく。
3　シノワで漉して、軽く煮詰める。

= ジュ・ド・クラブ (てき上がり1リットル)

カニの殻　2kg
ニンニク(半割)　1/2株
香味野菜
　玉ネギ(1cm角)　1/2個
　ニンジン(1cm角)　1/3本
　セロリ(1cm角)　1/3本
トマトペースト(缶詰)　50g
コニャック　適量
白ワイン　400cc
オリーブ油　適量
フュメ・ド・ポワソン(→P.117右段)
　　3リットル
トマト　3個
トマトホール(缶詰)　200g
ブーケガルニ*　1束

*　タイム、ローズマリー、エストラゴン、パセリの茎、セロリの葉。

1　鍋にオリーブ油をひいて、ニンニクを弱火で炒め、香りがたったら香味野菜を入れてよく炒める。トマトペーストを加えてさらに炒める。
2　フライパンを熱して、オリーブ油をひいて、細かく切ったカニの殻を香ばしく焼く。コニャックを注いでフランベし、1に入れる。
3　白ワインを注ぎ、強火でアルコールをとばす。フュメ・ド・ポワソンを入れて沸騰させ、アクをひいたのち、トマト、トマトホール、ブーケガルニを加え、アクをひきながら弱火で30分間煮出す。
4　シノワでつぶすようにしながら漉す。再び火にかけてアクをひいて、軽く煮詰める。これをさらに目の細かいシノワで漉して冷ます。

= ジュ・ド・プーレ (てき上がり3リットル)

鶏ガラ　6kg
鶏手羽先　2kg
香味野菜
　ニンニク(半割)　3片
　玉ネギ(2cm角)　3個
　ニンジン(2cm角)　1本
　セロリ(2cm角)　1本
白ワイン　500cc
トマトペースト　80g
トマト　3個
タイム、ローリエ、パセリの茎、
　黒粒コショウ　各適量
水　6リットル

1　鶏ガラ、鶏手羽先を適当な大きさに切り、200℃のオーブンに入れて、こんがりとした焼き色をつける。
2　鶏ガラと鶏手羽先を鍋に移し、肉汁を白ワインでデグラッセして加える。
3　水を加えて強火にかけ、沸騰したらアクをひく。
4　香味野菜をフライパンで充分炒め、トマトペーストを加えてさっと炒めたのち、3の鍋に入れる。
5　トマト、タイム、ローリエ、パセリの茎、黒粒コショウを加え、弱火で3時間ほど煮る。
6　これを漉し、軽く煮詰めて目の細かいシノワで再び漉して冷ます。

= コンソメ・ド・ブッフ
(てき上がり3リットル)

フォン・ブラン・ド・ヴォライユ
　(→左段)　5リットル
A
　牛スネ肉(粗挽き)　2kg
　ニンニク(みじん切り)　1片
　玉ネギ(みじん切り)　2個
　ニンジン(みじん切り)　1本
　セロリ(みじん切り)　1/2本
　卵白　180g
　塩、黒粒コショウ　各少量

B
　タイム　2枝
　ローリエ　1枚
　パセリの茎　少量
　トマト　2個
　ポロネギの青い部分　少量

1　鍋にAを入れて、手でよく練る。冷たいフォン・ブラン・ド・ヴォライユを注いでよく混ぜて火にかけ、沸騰する直前までていねいに絶えずかき混ぜる。
2　沸騰直前で火を弱める。浮いて固まったら、中心に穴を開け、アクをひく。
3　Bを入れて途中で適宜アクをひきながら、4時間煮出す。
4　シノワにキッチンペーパーを敷いて玉杓子で静かに漉し、沸騰させてアクをひく。軽く煮詰めて味を調える。

オー グー ドゥ ジュール
技術指導／中村保晴

= チキンブイヨン (てき上がり5リットル)

鶏ガラ　5kg
水　材料がかぶるくらい
玉ネギ　3個
ニンジン　3本
セロリ　3本
ブーケガルニ　適量
　タイム、ローリエ、パセリの茎、
　ポロネギの青い部分など……

1　流水で洗い、汚れを取った鶏ガラを鍋に入れ、かぶるくらいの水を入れて火にかける。
2　一旦沸騰させ、アクをひき弱火にする。
3　丸ごとの玉ネギ、ニンジン、セロリ、ブーケガルニを加え、時折ふつふつと泡立つ程度の火加減で3時間ほど煮る。
4　半量になったら、静かに漉す。

パテとテリーヌに使う生地

　パテやパイ包み焼きなどに使用するフイユタージュ生地（パート・フイユタージュ）とブリゼ生地（パート・ブリゼ）のつくり方を紹介する。

　フイユタージュ生地は、こね粉とバターを数回折り重ねて、薄い層をつくって焼き上げる、折り込みパイ生地で、幾重もの薄い板状になる。もろい食感が特徴。ブリゼ生地は練り込んでつくるパイ生地で、さくっとしたくずれるような食感にするために、バターは固形のまま粉に混ぜたい。そのため材料や器具の冷却と、手早い作業が大切。また練りすぎてグルテンを出さないように注意したい。ともにまとめてつくって冷凍保存ができる。

ブリゼ生地 1 （仕上がり690g）　技術指導／荻野伸也（オギノ）

薄力粉　165g　　　グラニュー糖　30g
強力粉　165g　　　牛乳　25cc
無塩バター　210g　塩　5g
卵　1.5個

1 フードプロセッサーのボウルにふるった薄力粉と強力粉を合わせ、冷たいバターを1/4量入れる。

2 まわしながらバターは3〜4回に分けて入れる。

3 バターが細かくなって粉に混ざり、さらさらになる。

4 牛乳に卵、グラニュー糖を入れて、充分撹拌して混ぜ合わせる。

5 少しずつ3の中に入れてまわす。

6 だんだん固まってぽろぽろとしたそぼろ状になる。

7 このくらいまでまとまったら、台に取り出す。

8 乾燥しないようラップフィルムで包んで、冷蔵庫に一晩おく。

9

なるべく冷たい状態で、打ち粉をせずにラップフィルムにはさんで麺棒で押しつぶす*。

10

必要な形、厚さに延ばしていく。

* パテの底面と側面を貼りつける場合、打ち粉をすると結着力が弱まる。

ブリゼ生地 2　技術指導／北岡尚信（プティポワン）

バター　120g
オリーブ油　150g
塩　20g
小麦粉　1kg
卵　少量
水　300cc

1　バター、オリーブ油、塩を混ぜ合わせ、小麦粉を加える。溶き卵を少量加えて混ぜ合わせる。水を適量加え、手のひらで叩きながら混ぜ合わせる。
2　丸めて1時間ねかせて延ばし、4つ折りにして濡れた布にくるんで冷蔵庫におき、弾力がなくなるまで充分にねかせる。5mmの厚さに延ばして使用する。

フイユタージュ生地
技術指導／岡本英樹（ドゥロアンヌ）

強力粉　400g
薄力粉　400g
塩　20g
白ワインヴィネガー　40cc
水　360cc
発酵無塩バター　680g

1

強力粉、薄力粉をふるって合わせる。強力粉だけでもつくれないことはないが、グルテンが強すぎるので、薄力粉と半々にしている。

2

塩、白ワインヴィネガーを加える。

3

だまにならないように水を2回ほどに分けて加え、よく混ぜる。

4

粉がまとまったら丸めてボウルに入れ、十字に切り目を入れる。

5

布をかぶせ、ラップフィルムをかけて、一晩休ませる。表面がしっとりして一回り大きくふくらむ。

6

薄力粉をふったマーブル台に移す。薄力粉で打ち粉をし、のし棒で十字の切り目から開くようにして四角く延ばしていく。

7	8	9	10
広がったら、四角く成形したバターをのせる。	広げた生地を元に戻すようにして包み込む。	のし棒で叩いて四角く成形する。ボウルに入れてラップフィルムをかぶせて冷蔵庫に入れて20分間休ませる。	冷蔵庫から取り出し、長方形に延ばしていく。

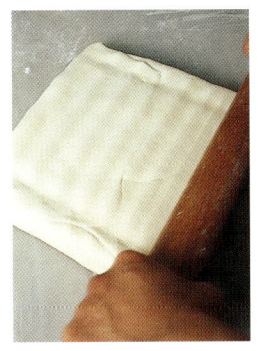

11	12	13	14
手前と奥から3つ折りにする。	ラップフィルムをかぶせて再び冷蔵庫で20分間休ませる。	90度回転させて、折りたたんだ側面が手前にくるようにする。	再び長方形に延ばす。

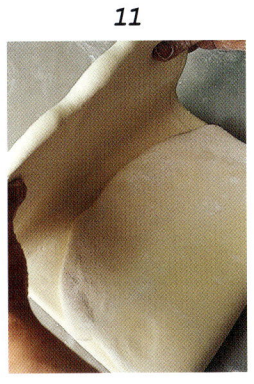

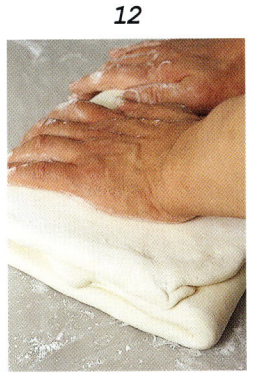

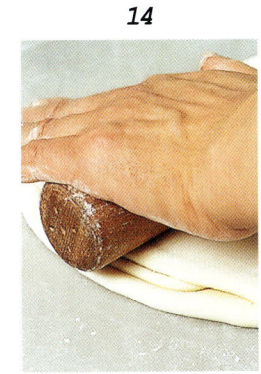

15	16	17	18
生地と生地の間に空気が入り込んで気泡ができたら、串を刺してつぶす。	再び11〜12の要領で折りたたむ。何回折りたたんだかわかるように、端に指で押して跡をつけておく。	7回折りたたんだら3mmほどの厚さに平たく延ばし、一晩冷蔵するか、冷凍庫で4〜5時間おく。	丸型のパテなどにはセルクルを使って丸く抜いて使用する。

生地 | 121

シェフと店紹介 (店名50音順)

中村保晴 シェフ
Yasuharu Nakamura

都内に5店を展開するオーグードゥジュールグループの本店（グループ代表／岡部一己氏）。'02年のオープン以来、評価の高い料理と気遣いに定評のあるサービスが売りもののクラシックなフレンチレストラン（26席）。

中村保晴シェフのスペシャリテの一つ『農園野菜のテリーヌ』は、普段使いではない、野菜固有のおいしさ、見た目の美しさなど、"わざわざ出かける"レストランの料理という真価（吸引力）が発揮されている。13～14種の野菜は素材に応じ、素揚げ、バターソテー、ボイルなど各種調理が施され、ホタテだし汁のジュレでコーティングされている。渾然一体ながらそれぞれの野菜のうまみ、甘みがきちんと分かる、これは秀逸な一皿だ。そのほか、各種のファルスでつくられる肉、魚介類、野菜は、多くが湯煎状態で加熱されるため、食材のエキスや酵素を壊すことなく、口当たりのやさしい、素材本来の味わいが堪能できる料理である。

中村シェフにとってテリーヌは、料理のトップバッターとしてインパクトのあるものをめざすもの。テリーヌが供される席からは、思わず感嘆の声が上がる。

＊2013年同店を退社し、同年4月「ビストロデザミ」を開店。(東京都練馬区上石神井2-29-1／Tel 03-6904-7278)

荻野伸也 シェフ
Shinya Ogino

2007年28歳の若さで独立し、東京・池尻大橋に「オギノ」を開店。シェフの荻野伸也氏は、岐阜で2年間修業を積んだのち上京。「プロムナード」（東京・日比谷）を皮切りに、「レストランキノシタ」（同・初台）では副料理長を、「キャスクルート」（同・目黒）では料理長を務めてきた。いずれも予約のとりにくい人気店として名を馳せた店である。

肉料理やジビエを得意とし、シンプルで骨太な料理をつくる。ソースなどもクラシカルで、しっかりとした味だが若い客層にも評判がよいという。

店の名物は「パテ・ド・カンパーニュ」。大きなオーバル型のグラタン皿でつくり、好きなだけ食べていただくという大胆な手法が功を奏して、"オギノといえばパテ・ド・カンパーニュ"と知られるようになった。

肉好きが高じて、荻野氏は食肉加工製造業の認可を取得、旧店舗（2009年に徒歩数分の現住所に移転）を加工工場に改装し、本格的に小売業にも参入し始めた。店舗で販売するほか、インターネットでのオンラインショッピングでもパテやリエット、テリーヌなどを販売している。2012年2月、念願のデリカテッセンを代官山にオープンした。（テーブル OGINO／Tel 03-6277-5715)

岡本英樹 シェフ
Hideki Okamoto

日本のフランス料理界の重鎮である「シェ・イノ」の井上旭氏が、1995年に表参道に開いた「マノワール・ディノ」に続き、2004年に恵比寿に開いた3軒めの支店。その店名は井上氏が1979年に京橋に開いた伝説の名店にちなんでいる。

3メートルはある高い天井と全体が見渡せる広いホールを備え、全50席。2階には個室もあり、広さを生かしてウェディングに対応するほか、音楽会、料理教室などを実施している。

料理長を務める岡本英樹シェフは、1989年から6年間井上氏に師事したのち、「ギー・サボワ」「トロワグロ」「ローベルガード」の3軒の3ツ星店で計4年半修業した経歴の持ち主。1999年の帰国後、2002年まで「アンカフェ」（東京・青山）の料理長を務め、「博多全日空ホテル」料理長を経て、2005年に現職。

出身地の北海道産の仔羊やジビエを積極的に活用するかたわらで、野菜料理にも力を注ぐ。とくにつなぎを使わずにポワローのみを押し固めてつくるテリーヌは店の看板メニューとして広く知られている。

＊2011年同店を退社し、2012年8月、「ルメルシマン オカモト」を開店（東京都港区南青山3-6-7b-town1階)。

オー グー ドゥ ジュール
Au goût du jour

東京都千代田区四番町4-8 野村ビル1F
Tel 03-5213-3005
http://www.augoutdujour-group.com

営業時間
昼 11:30～14:00 (L.O.)
夜 18:00～21:30 (L.O.)
定休日／月曜日

フレンチレストラン オギノ
OGINO

東京都世田谷区池尻2丁目20-9
Tel 03-5481-1333
http://french-ogino.com

営業時間
昼（土・日・祝日のみ）
　　　　　　　11:30～13:30 (L.O.)
夜（火～土）17:30～23:30 (L.O.)
夜（日・祝日）17:30～21:30 (L.O.)
定休日／月曜日

ドゥロアンヌ
De ROANNE

東京都渋谷区恵比寿南2-3-14
コンツェ恵比寿
Tel 03-5773-1333
http://www.roanne.jp

営業時間
昼 11:30～14:00 (L.O.)
夜 18:00～21:00 (L.O.)
定休日／月曜日（祝日の場合は翌日休）

北岡尚信 シェフ
Katsunobu Kitaoka

「ホテルオークラ」で小野正吉総料理長の薫陶を受けた北岡尚信氏が、1977年にオープンした老舗レストランで、店名はヌーベルキュイジーヌを創始したフェルナン・ポワンからきている。開業30周年の大改装で1階にオープンしたカフェスタイルの「ル・カフェ プルス・アー」では息子の北岡飛鳥氏が料理長となり、尚信氏は正統派のフランス料理の魅力を、飛鳥氏はカジュアルスタイルのフランス料理の魅力を、それぞれ発信する。

テリーヌ・パテのメニューとしては、3種の素材を使った「豚・鶏・仔牛の自家製テリーヌカンパーニュ」や、焼きめをつけた温かな「帆立貝のデリシャステリーヌ」など。炭火焼きしたフォワグラのテリーヌは77年の開業からのメニューで、テイクアウトにもなっている。

また2009年5月には、丸の内に国産食材をコンセプトとした「ラ・カンパーニュ」を運営。日本の一次産業の活性化と食文化再生、および振興を目指し、料理人という立場から生産者と消費者の架け橋になるべく活動中。MOMAJ（フランス農事功労章受賞者協会）副会長や、国が料理人を顕彰する「料理マスターズ」の審査委員としても活躍している。
＊2011年閉店。

花澤 龍 シェフ
Ryo Hanazawa

調理師学校を卒業後、千葉グランドホテルでフランス料理の道を歩み始めた花澤氏は、吉野建氏が、1989年に小田原に開いた「ステラマリス」（現在閉店）を経て渡仏。4年半の間、フランスの星つきレストランで修業を積んで帰国する。「ラ・ブランシュ」の副料理長、「ラブレー」の料理長を経て、2002年、34歳で独立開業を果たした。

店は祐天寺と学芸大学のちょうど中間あたり、歩いて10分以上かかる場所にあるが、花澤氏の料理を楽しみに来店するお客のために、手を抜かない料理と心のこもったもてなしがリピーターを惹きつける。

花澤氏の料理は伝統的なフランス料理がベース。本書で紹介していただいた「フォワグラのテリーヌ」は、きわめてベーシックなレシピだが、店ではフォワグラのポワレとともに盛り合わせて2つのおいしさを楽しめる一皿として提供している。このほか「あゆのパテ」や「焼き穴子と石川小芋のテリーヌ」など、季節を感じさせてくれる前菜の一つとしてテリーヌはなくてはならない存在。またテイクアウト商品として田舎風パテ、ブーダンノワールのテリーヌ、フォワグラのテリーヌ、鴨のコンフィ、豚肉のリエットなどを用意している。

原口 広 シェフ
Hiroshi Haraguchi

わが国で"テリーヌ"といえば、まず最初に名が挙がるほどのテリーヌの名手、原口広氏。日本での修業を経て渡仏し、パリの「ル キャ・キャルトン」「アンフィクレス」、サンテチエンヌの「ピエール・ガニエール」、ピアリッツの「キャフェ・ド・パリ」などで5年間修業を積む。現在はクラブニュクスグループの総料理長として、都内に4店を経営している。

グループ店の一つ「レザンファン ギャテ」は2007年4月にオープン。原口氏のテリーヌを存分に楽しむためにテリーヌ中心のコースが組まれている。アミューズに小さなテリーヌが供され、そのあと常時用意している9種類の中から好きなものを1〜2品、メイン、デザートにもテリーヌを選べば4品まで選ぶことができる。テリーヌというと冷前菜のイメージがあるが、温かいテリーヌや、軽いものと重めのものを用意して、コースに変化がつくよう工夫している。

原口氏が目指すのは繊細でしっとりとしたテリーヌ。そのためファルスの状態や火入れの温度などには細心の注意をはらう。またトリュフなど香りのよい素材を使うとテリーヌ型の中で香りがまわり一体感が高まることも魅力の一つという。美しいデザインは言うまでもない。＊2011年同店を退社。

プティポワン
PETIT POINT

東京都港区南麻布 4-2-48 TGKビル
TEL 03-3440-3667
http://www.petitpoint.co.jp

営業時間
昼 12:00〜14:30 (L.O.)
夜 18:00〜22:00 (L.O.)
定休日／月曜日（祝日の場合は翌日休）

ボンシュマン
BON CHEMIN

東京都目黒区五本木 2-40-5 Beat101
TEL 03-3791-3900
http://www.bonchemin.com

営業時間
昼 11:30〜14:00 (L.O.)
夜 18:00〜21:30 (L.O.)
定休日／水曜日

レザンファン ギャテ
Les enfants gâtés

東京都渋谷区猿楽町 2-3
TEL 03-3476-2929
http://www.terrine-gates.com

営業時間
昼 12:00〜14:00 (L.O.)
夜 18:00〜21:30 (L.O.)
BAR 18:00〜23:30 (L.O.)
定休日／月曜日（祝日の場合は翌日休）

フレンチテクニック
パテとテリーヌ

初版発行　2010年9月1日
4版発行　2013年9月30日

編者　　柴田書店編©
発行者　土肥大介
発行所　株式会社柴田書店
　　　　〒113-8477
　　　　東京都文京区湯島3-26-9イヤサカビル
　　　　［営業部］　　03-5816-8282（注文・問合せ）
　　　　［書籍編集部］03-5816-8260
　　　　［URL］　　　http://www.shibatashoten.co.jp
印刷・製本　凸版印刷株式会社

ISBN978-4-388-06082-5

p20～23は月刊専門料理2008年12月号より再収録したものです。

本書収録内容の無断掲載・複写（コピー）・引用・データ配信等の行為は固く禁じます。
落丁、乱丁本はお取替えいたします。

Printed in Japan